すぐに役立つ

◆図解とQ&Aで納得◆ 改正対応！

会社役員をめぐる
法律とトラブル解決法158

弁護士 **千葉 博** 監修

三修社

本書に関するお問い合わせについて
本書の内容に関するお問い合わせは、お手数ですが、小社あてに郵便・ファックス・メールでお願いします。
なお、執筆者多忙により、回答に1週間から10日程度を要する場合があります。あらかじめご了承ください。

はじめに

　株式会社では、「株主は会社の所有者ではあるが、株主自身は経営に携わらず、経営については専門的知識と経験をもった者を取締役として、経営にあたらせる」という所有と経営の分離という考え方が基本的にはとられています。実際には、特に中小企業では株主自身が取締役として中心的に経営に関与しているケースもあるでしょう。しかし、少なくとも法律では所有と経営の分離という考え方の下、取締役に大きな権限を与えています。その反面、取締役の責任についても規定し、会社や第三者に対する義務・責任を負わせています。取締役の業務執行あるいは会計について監査する監査役や、会計の専門家である会計参与、会計監査人についても同様のことがいえるでしょう。役員や執行役、会計監査人といった立場にある人は会社の経営において、自覚をもって業務に臨まなければなりません。事前に知識を身につけることなく取締役になってしまい、責任や立場を甘く考えていると、後で重大なトラブルが生じ、本人だけでなく、会社自体の危機を招く可能性もあります。

　また、昨今の報道を見ていると、残念ながら会社の経営者による不祥事はあとを絶ちません。不祥事がその会社の経営危機を招くこともあります。このような不祥事を起こさないように経営していく上でも、取締役や監査役など、役員となる者は、経営上不可欠な法的知識を身につけておく必要があるでしょう。

　本書は、取締役を中心にすでに役員の地位にある人やこれから役員になる人を対象として、役員が知っておくべき基本的な法的知識をQ&A形式で158例掲載しています。第9章では株主総会や登記、議事録作成の手続きについて解説しました。

　本書の内容と関わる重要事項については、平成26年6月に行われた会社法の改正内容についても取り込んでいます。

　本書のご活用により、会社経営その他の企業活動に役立てていただければ、監修者としてこれに勝る喜びはありません。

監修者　弁護士　千葉　博

Contents

はじめに

第1章 役員と会社をめぐる基本

1 会社の種類と株式会社の特徴について教えて下さい。 16
2 会社に設置される機関について教えて下さい。 18
3 機関設計にはどんなパターンがあるのでしょうか。 20
4 公開会社・非公開会社の特徴について教えて下さい。 22
5 取締役会を設置しなければならないのはどんな会社でしょうか。 24

第2章 取締役をめぐる法律と手続き

1 取締役に求められるのはどんな能力でしょうか。また、社長との関係でどんなことに気をつけるべきでしょうか。 26
2 取締役は会社においてどんな役割を果たせばよいのでしょうか。 28
3 取締役や役員とよく似た用語として気をつけなければならない用語にどんなものがあるのでしょうか。 30
4 取締役は会社とどんな関係になるのでしょうか。 31
5 使用人でありながら取締役も兼任することは可能でしょうか。 32
6 取締役の報酬はどのように決めるのでしょうか。 33
7 取締役会の報酬は従業員の給与と取扱いが異なるのでしょうか。 35
8 取締役の報酬を金銭以外のものとすることはできますか。 37
9 退職慰労金の支払いについてどんな問題点があるのでしょうか。 38
10 取締役が同業他社へ転職した場合の退職金はどんな扱いになるのでしょうか。 40

11 役員の退任と従業員の退職で異なるところはあるのでしょうか。 41
12 取締役や業務執行取締役はどんな仕事をするのでしょうか。 42
13 取締役の資格について制限はあるのでしょうか。 44
14 取締役が他社の取締役を兼任することはできるのでしょうか。 46
15 取締役の人数や任期は会社によって異なるのでしょうか。 47
16 取締役の人数を減らすことはできるのでしょうか。人数を減らした場合、報酬の取扱いはどうなるのでしょうか。 49
17 取締役の選任手続きについて教えて下さい。 50
18 弁護士や公務員を取締役に選ぶこともできるのでしょうか。 51
19 株主総会を開かずに取締役を選任した場合はどうなるのでしょうか。 52
20 取締役の辞任により定員割れが発生した場合、どうすればよいのでしょうか。 53
21 一度に取締役全員が辞任しても新しい取締役が選任されるまでは義務や責任は存続するのでしょうか。 54
22 取締役の解任はどのように行われるのでしょうか。 55
23 解任の訴えとはどんな訴えなのでしょうか。一般的な訴訟提起と同様の手続きが必要なのでしょうか。 56
24 取締役の解任について、どんな問題があるのでしょうか。 57
25 使用人兼務取締役や役付取締役を解任する場合にはどんな点に注意が必要なのでしょうか。 58
26 在任中に取締役が会社犯罪などを行った場合、どうなるのでしょうか。逮捕・起訴された段階で取締役としての地位を失うのでしょうか。 59
27 譲渡制限株式会社や指名委員会等・監査等委員会設置会社での取締役の選任・解任ではどんなことに注意すればよいのでしょうか。 60

28 社外取締役にはどんな人がなれるのでしょうか。どんな会社に社外取締役を設置しなければならないのでしょうか。 61

29 一時役員とはどんな場合に選任されるのでしょうか。 63

30 職務代行者とはどんな場合に選任されるのでしょうか。一時取締役とは異なるのでしょうか。 64

第3章　取締役会・代表取締役をめぐる法律と手続き

1 取締役会とはどんな機関なのでしょうか。 66

2 どんな時に取締役会は開催されるのでしょうか。 67

3 特別取締役による取締役会決議とはどんな制度なのでしょうか。 68

4 取締役会を儀式化させないために気をつけることはどんなことなのでしょうか。 69

5 取締役会の招集手続きと招集権者について教えて下さい。 70

6 取締役会の招集通知にはどんなことを記載するのでしょうか。 71

7 臨時の取締役会を開くときの注意点について教えて下さい。 72

8 取締役会にはどんな権限があるのでしょうか。 73

9 取締役会で代表取締役を選ぶ際にはどんな点に注意すればよいのでしょうか。 75

10 取締役会は代表取締役をどのようにコントロールするのでしょうか。 76

11 取締役会で必要事項を報告しないとどうなるのでしょうか。その他、報告義務についてどんなことに注意すればよいのでしょうか。 77

12 取締役会決議はどのように行われるのでしょうか。 79

13 一部の反対派の取締役が席を外した時に行った決議は有効なのでしょうか。その他、取締役会決議の問題点について教えて下さい。 81

14 取締役会決議を経ることなく重要な財産の処分などを決めた場合には、その行為の効力はどうなるのでしょうか。 82

15 取締役全員が一堂に会せない場合の取締役会の開催方法や
　　議決方法について教えて下さい。　　　　　　　　　　83
16 代表取締役にはどんな役割があるのでしょうか。　　　84
17 代表取締役の選任・退任について教えて下さい。また、任
　　期はどの程度の期間なのでしょうか。　　　　　　　　85
18 名目上又は表見上の代表取締役が取引をした場合、肩書だ
　　けの代表取締役は責任を負わなくてよいのでしょうか。　87
19 代表取締役はどんな権限をもつのでしょうか。　　　　88
20 社内規程で代表取締役の権限を一定の範囲に制限しようと
　　しているのですが、後々の取引で問題が生じるのでしょうか。　89
21 代表取締役の権限を使用人や弁護士などに委譲することは
　　認められるのでしょうか。　　　　　　　　　　　　　90
22 代表権をもつ代表取締役は、他の取締役の意向に関わらず、
　　思い通りに経営することが許されるのでしょうか。　　91
23 日常の業務執行に必要な運転資金の借入れについてはその
　　権限を代表取締役に委ねることも認められないのでしょうか。　92
24 １人の平取締役が代表権をもたないにも関わらず「社長」
　　と名乗り、取引を行っていたようです。会社として責任を
　　負わなければならないのでしょうか。　　　　　　　　93
25 代表取締役が自分の利益を図るために行った取引や、取締
　　役会の決議を経ずに単独で行った行為についても、会社は
　　責任を負うのでしょうか。　　　　　　　　　　　　　95
26 代表取締役が寝たきりの重病になった場合や死亡した場合
　　はどんな手続きが必要になるのでしょうか。　　　　　96
27 代表取締役を解任することはできるのでしょうか。オー
　　ナー社長が解任されることもあるのでしょうか。　　　97

第４章　監査機関のしくみ

1 会社の監査機関にはどんな種類があるのでしょうか。監査
　機関はどんなことができるのでしょうか。　　　　　　100
2 監査役とはどんな機関なのでしょうか。人数や任期はどう

なっているのでしょうか。 102

3 監査役はどのように選任されるのでしょうか。顧問弁護士を監査役としてもよいのでしょうか。 103

4 使用人を監査役にしてもよいのでしょうか。子会社の取締役は親会社の監査役にはなれないのでしょうか。 105

5 監査役の報酬はどのように決めるのでしょうか。 107

6 監査役を辞任するときはどうすればよいのでしょうか。 108

7 監査役はどんな権限をもつのでしょうか。 109

8 業務監査と会計監査とはどのように違うのでしょうか。 111

9 業務監査とは具体的にどんなことを行うのでしょうか。 112

10 社外監査役にはどんな人がなれるのでしょうか。どんな会社に社外監査役を設置しなければならないのでしょうか。 113

11 監査役会とはどんな機関なのでしょうか。 114

12 監査役会にはどんな権限があるのでしょうか。 116

13 会計参与はどんな機関なのでしょうか。会計参与の任期はどうなっているのでしょうか。 117

14 会計参与の報酬はどのように決めるのでしょうか。また権限・責任はどうなっているのでしょうか。 118

15 会計監査人とはどんな機関なのでしょうか。 119

16 会計監査人の任期や報酬はどのように決めるのでしょうか。またどんな権限・義務があるのでしょうか。 120

第5章　指名委員会等設置会社・監査等委員会設置会社のしくみ

1 指名委員会等設置会社とはどんな会社なのでしょうか。 122

2 指名委員会等設置会社では取締役の選任方法や任期に違いはあるのでしょうか。取締役会の権限はどうなっているのでしょうか。 124

3 指名委員会、監査委員会、報酬委員会はどんな権限をもつのでしょうか。 125

- 4 指名委員会等設置会社の取締役の報酬も株主総会で決めるのでしょうか。　126
- 5 執行役はどんな役割を果たすのでしょうか。　127
- 6 執行役を任期満了前に解任することはできるのでしょうか。また、執行役の報酬はどのように決まるのでしょうか。　128
- 7 執行役はどんな義務・責任を負うのでしょうか。　129
- 8 代表執行役の代表権を制限することは可能でしょうか。また、代表権をもっていない執行役が代表権があるように装って行った行為はどうなるのでしょうか。　131
- 9 監査等委員会設置会社とはどんな会社なのでしょうか。　132
- 10 監査等委員はどのように選任・解任するのでしょうか。　134
- 11 監査等委員会はどんな権限をもつのでしょうか。また、どんな義務を負うのでしょうか。　135
- 12 監査等委員会設置会社では取締役会はどんな役割を果たすのでしょうか。　137
- Column　平成26年会社法改正のポイント　138

第6章　役員の義務・責任と損害賠償

- 1 取締役の負う善管注意義務と忠実義務はどんな義務なのでしょうか。　140
- 2 破たんしそうな子会社に対して融資を継続する場合に、取締役としてどんな責任が生じるのでしょうか。　141
- 3 取締役として会社に資金を貸し付けているのですが、返済を求めるにあたって注意すべきことはありますか。　142
- 4 赤字の事業を継続させた責任を問われることはあるのでしょうか。　143
- 5 資金運用のための投資活動に失敗した場合はどうなるのでしょうか。　144
- 6 「コンプライアンス」という言葉をよく聞くのですが、どんなことを意味するのでしょうか。　145

7 大企業は内部統制システムを構築しなければならないと聞いたのですが、具体的にはどんな体制のことを意味するのでしょうか。 146

8 利益を重視する余り、経営者として不適切な行動をしてしまいました。どんな責任を負うのでしょうか。 148

9 取締役が会社の機密を漏らした場合には、どんな責任を負うのでしょうか。 149

10 会社の経営者が不正経理や不正融資に加担した場合、どんな責任を問われるのでしょうか。 150

11 経営者としての判断ミスで会社が多額の負債をかかえてしまいました。私が会社に損害賠償責任を負うのでしょうか。 151

12 取締役が会社に対して損害賠償責任を負うのはどんな場合でしょうか。 152

13 任務を怠った監査役は会社や株主に対してどんな責任を負うのでしょうか。 153

14 名目取締役でも取締役の責任を負わされるのでしょうか。 155

15 取締役でないのに取締役として登記されている者や、取締役と同様の活動をしている事実上の取締役も責任を負うのでしょうか。 156

16 取締役の会社に対する損害賠償額はどのように判断するのでしょうか。基準はあるのでしょうか。 157

17 私の判断で開拓した新規事業で大きな損害が生じました。ただ、熟慮の上の行動で、判断時点で誤りがあったとは思えません。私は損害賠償責任を負うのでしょうか。 158

18 当社の手がけている事業をより発展させる形で、私が取締役としての立場ではなく個人として事業展開していこうと考えているのですが、可能でしょうか。 160

19 会社と事業内容が重なるような取引を取締役が個人として行うためにはどんな手続きが必要でしょうか。 161

20 取締役が取締役会の承認を得て競業取引を行った場合、結果として会社の事業に大打撃が生じても、その取締役に責任追及することはできないということになるのでしょうか。 163

21	使用人兼務取締役の場合・新規に事業を起こし、経営はしないが出資などをするようなことは可能でしょうか。	164
22	競業する業種はどのように判断すればよいのでしょうか。	165
23	子会社や業務提携をした会社の取締役となることは競業避止義務違反になるのでしょうか。	166
24	ある会社の取締役をしています。会社の優秀な従業員数名と共に別会社を立ち上げたいと思いますが、可能でしょうか。	167
25	利益相反取引とはどんな取引を意味するのでしょうか。	168
26	取締役の債務を会社に保証してもらおうと考えているのですが、どんな手続きが必要でしょうか。	170
27	個人的な担保提供をすることは利益相反取引でしょうか。また個人保証、手形の裏書を求められた場合どうすればよいのでしょうか。	172
28	剰余金の額はどのように計算するのでしょうか。	173
29	剰余金の配当を行うのですが、どんな点に気をつければよいのでしょうか。	175
30	判断ミスで会社に損害を与えた場合、株主の同意や株主総会・取締役会の決議があっても取締役は常に全責任を負うのでしょうか。	177
31	予め契約で取締役の責任を限定したいのですが、どんな取締役であっても責任限定契約を結ぶことは可能でしょうか。	179
32	監査役は常に責任のすべてを負うのでしょうか。責任が軽減されることもあるのでしょうか。	180
33	取締役の任務懈怠によって取引先などの第三者に損害を与えた場合、役員はどんな責任を負うのでしょうか。	181
34	会社法で規定されている役員等の第三者に対する責任は、民法の不法行為責任とどんな点が異なるのでしょうか。	183
35	部下である従業員が犯罪行為や違法行為を行った場合、取締役が責任を負うこともあるのでしょうか。	184
36	取締役が従業員にセクハラ行為をしたらどうなるのでしょうか。	185

37 従業員が自殺した場合、会社や取締役に責任が生じることもあるのでしょうか。 186

第7章 役員の違法行為の是正・罰則

1 会社が違法行為を行っている場合、株主や監査役はどのように対処できるのでしょうか。 188
2 他の取締役や代表取締役の違法行為を是正手段として取締役や監査役はどんなことができるのでしょうか。 190
3 他の取締役の背任行為を阻止するためにはどうすればよいのでしょうか。 191
4 取締役に対して、解任まではいかないにしても、懲戒処分を科す場合、どのように科すものなのでしょうか。 192
5 どんな場合に株主から代表訴訟を提起されるのでしょうか。 193
6 代表訴訟で勝訴した取締役が株主に責任追及することはできるのでしょうか。 195
7 株主代表訴訟の被告とされてしまった取締役としては、どのように対応すればよいのでしょうか。 196
8 取締役への嫌がらせで代表訴訟が提起されてしまいました。どうすればよいのでしょうか。 197
9 とりあえず株主代表訴訟に応じ、うまく和解に持ち込みたいと考えているのですが、どんな点に注意すればよいのでしょうか。 198
10 取締役を退任した後に、株主代表訴訟を提起されたのですが、責任を問われることはあるのでしょうか。 199
11 役員賠償責任保険の特約に加入することは可能でしょうか。 200
12 株主が持ち株会社の場合、現実的に訴訟提起は考えにくいのですが、株主代表訴訟を起こされることはないのでしょうか。 201
13 多重代表訴訟の手続きはどのように行われるのでしょうか。 203
14 旧株主による責任追及等の訴えとはどんな訴えなのでしょうか。 204

15 取締役にはどんな罰則が科されるのでしょうか。 205

16 総会対策の意味も込めて、主に大株主と親しい関係を築いておきたいのですが、気をつけた方がよいことはありますか。 207

17 決算書の作成にあたり、疑念を抱く経費処理がいくつか発覚したのですが、放置しておくと後で問題が生じるのでしょうか。 208

18 粉飾決算とは逆に利益を少なく見せることは問題が生じるのでしょうか。 209

19 総会屋からの接触があった場合に備え、取締役としてどんな対策をとったらよいのでしょうか。 210

20 政治献金を行う場合に何か問題があるのでしょうか。 211

21 取締役は公務員ではないので、金品などを受け取っても収賄罪に問われることはないと考えているのですが、大丈夫でしょうか。 212

第8章 その他役員が知っておくべき法律問題

1 株主総会対策のために、役員はどんな準備をしておけばよいのでしょうか。 214

2 取締役は株主総会でどんな事項について説明義務を負うのでしょうか。 215

3 株主総会において、議長はどんな役割を果たすのでしょうか。 217

4 株主総会決議に定款違反や法律違反があったことが後日判明した場合、その総会決議はどのように扱われるのでしょうか。 218

5 株主や債権者から総会議事録や定款、計算書類の閲覧・コピーを請求された場合には応じなければならないのでしょうか。 219

6 事業をさらに成長・発展させるにあたって、現状の体制では限界があるのですが、どんな手法を検討する必要があるのでしょうか。 220

7 中心事業の強化のため、企業買収を検討しているのですが、どんな点に注意が必要でしょうか。 221

- 8 弊社の不採算部門について某企業から買取の打診を受けたのですが、どんな点に注意すればよいのでしょうか。 223
- 9 主力事業の強化のため、不採算部門を他社に会社分割により切り分けようと考えているのですが、どんな点に注意が必要でしょうか。 225
- 10 会社が資金を調達する方法としてどんな手法があるのでしょうか。 227

第9章　株主総会・登記・議事録のしくみと手続き

議事録作成の手続き　230
議事録の種類　230／株主総会議事録の作成と保管　230／取締役会議事録の作成と保管　232／取締役会での反対意見の記載　232／取締役会非設置会社における取締役決定書　233／監査役会議事録の作成と保管　234／議事録に押す押印　234

登記事項に変更が生じた場合の手続き　237
登記とは　237／登記申請の流れと添付書類の原本還付手続き　237／登記事項の変更と変更登記　239／登記の申請期間　240

取締役の辞任・退任の手続き　241
取締役の辞任　241／辞任届　241／会社による辞任登記　242／役員変更の登記費用　242／辞任登記未了のトラブル　243

取締役の選任手続き　244
従業員から昇格する場合の役員選任までの流れ　244／招かれて役員に就任する場合の手続き　245／代表取締役の選任手続き　246

株主総会手続きの流れ　248
株主総会の開催時期　248／総会の開催を省略できるケース　248／株主総会の招集　249／開催のスケジュール　250

株主総会決議の種類　252
一株一議決権の原則と議決権の不統一行使　252／普通決議　252／特別決議　253／特殊決議　253

索引　254

第1章

役員と会社をめぐる基本

 会社の種類と株式会社の特徴について教えて下さい。

 所有と経営の分離と株主の間接有限責任の原則が大きな特徴といえます。

　会社には、株式会社の他に、合名会社、合資会社、合同会社があります。株式会社に対し、合名会社、合資会社、合同会社は、持分会社といいます。株式会社は会社に出資する際に株式（株式数○○株など）を出資の単位としますが、持分会社は、出資した分を持分という単位で表します。持分会社は、会社の内部設計が自由であり、原則として出資者自身が業務執行権、代表権をもつ形態の会社です。株式会社のように、取締役は存在しません。

　株式会社は、株主総会と取締役という機関が基本となる会社です。株主総会とは会社の基本的な経営方針を決める機関で、会社に出資した者（株主）が集まって経営方針を決めます。

　株式会社の出資者は株主ですから、株主自ら経営を行うというのが本筋ともいえますし、小規模な企業ではそれが通常でしょう。

　しかし、企業の規模が大きくなれば話は別です。大企業では、たくさんの資金が必要ですので、それだけ出資者＝株主の数も多くなります。そうなると、株主の関心も様々ですから、経営に興味はなく、もっぱら利益配当だけにしか興味がない株主もいるでしょう。また、株主に必ずしも経営の能力があるとは限りません。経営は専門家に任せることにした方が、合理的な経営を行うことができ、株主の利益にもなるといえます。そこで、株式会社では、

会社の所有者である株主と会社の経営者である取締役らとが制度上、分離されてきました。このことを株式会社における所有と経営の分離といいます。もっとも、このことは、株主が経営者を兼ねてはいけないということを意味するわけではありません。非公開会社（23ページ）では、定款の定めによって取締役を株主に限定することもできます。

また、株式会社では、出資者は自分が引き受けた株式について出資義務を負うだけで、たとえば会社が債権者に債務を支払わなかったとしても、株主が会社に代わって支払義務を負うことはありません。これを株主の間接有限責任といいます。出資者は出資額に応じて株式を取得することができ、会社に対する様々な権利を得ることになります。この株式の制度と株主の間接有限責任が、株式会社の最大の特徴です。

ただ、経営者（取締役）が1人しかいないような、あるいはそれに準じるような規模の小さな会社の場合、融資や取引にあたって経営者が会社の借金を保証することを求められるのが一般的です。これを個人保証といいます。個人保証をすると、株式会社でも会社の借金は経営者が負うことになります。

■ 会社の種類 ……………………………………………………

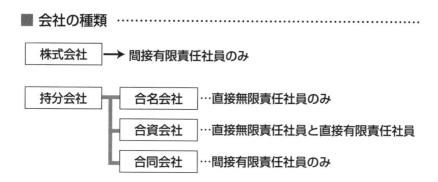

会社に設置される機関について教えて下さい。

会社の行為や意思決定をする人や組織のことです。

　会社の行為や意思決定をする人や組織を会社の機関といいます。会社法上、株式会社の機関として規定が置かれているのは、ⓐ株主総会、ⓑ取締役（会）、ⓒ代表取締役・執行役、ⓓ監査役（会）、ⓔ監査等委員会又は指名委員会等、ⓕ会計監査人、ⓖ会計参与です。会社法は、これらの機関が調和のとれた活動を行えるように様々な規定を設けています。会社法の機関に関する規定の特徴は、会社の規模や性質（大会社かそれ以外か、公開会社かどうか）に応じて、機関の設置を義務付けるかどうかを決めていることです。

●機関設計のルール

　上記のⓐ〜ⓖまでの機関は、勝手な組み合わせでは設置できません。それは、会社法により、設置することが可能な機関の組み合わせが規定されているからです。

　まず、監査等委員会設置会社及び指名委員会等設置会社以外の取締役会設置会社は、監査役を置かなければなりません。ただし、そのような取締役会設置会社でも、非公開会社で会計参与を置く場合は、監査役を置かなくてもかまいません。

　取締役会設置会社は、取締役会が大きな権限を持つため、それを監視する監査役の設置が義務付けられます。ただし、監査等委員会設置会社及び指名委員会等設置会社は、設置される委員会が

取締役を監視しますから、監査役は不要とされます。また、非公開会社では、会社の公正な運営を求めるにあたって、会計参与が取締役と一緒に会計書類を作成するだけで十分というケースもあるため、監査役を設置しなくてよいパターンも認められています。

次に、監査等委員会設置会社及び指名委員会等設置会社以外の会計監査人設置会社は、監査役を置かなければなりません。それは、会計監査人が、取締役会等の影響を受けずに公正に監査を行うためには、会計監査人の選任・解任の権利を取締役ではなく監査役が持つべきだからです。一方で、監査等委員会設置会社及び指名委員会等設置会社は、監査役を置いてはいけません。その代わりに、会計監査人を必ず置かなければなりません。

また、大会社（最終事業年度にかかる貸借対照表上の資本金の額が5億円以上または負債総額が200億円以上の株式会社のこと）は、監査役会と会計監査人を置かなければなりません。ただし、公開会社でないもの又は監査等委員会設置会社及び指名委員会等設置会社には、この規定は適用されません。なお、公開会社でない大会社では、監査役会の設置は不要ですが、会計監査人は置かなければなりません。

■ **会社の機関**

- どんな会社にも必置の機関は株主総会と取締役の2つ
- 会社の規模、株式の公開・非公開の状況に応じて以下の機関を設置する

 機関設計にはどんなパターンがあるのでしょうか。

 どんな会社にも必ず設置する機関は株主総会と取締役の2つです。

　会社法上、すべての株式会社に設置が義務付けられているのは株主総会と取締役だけです。小規模な会社の場合は株主総会と取締役だけを設置するパターンが多いようです。代表的な機関設計のパターンは以下の通りです。

・株主総会＋取締役会＋会計参与
　発行する株式の全部について譲渡制限を設けている会社のみが採用可能な形態であるため、主に中小企業向けの機関設計と考えられます。

・株主総会＋取締役会＋監査役
　この機関設計を採用している会社は極めて多いといえます。このパターンで非公開会社の場合、定款で定めることにより監査役の監査範囲を会計に関するものに限定することができます。

・株主総会＋取締役会＋監査役会＋会計監査人
　株式を上場する会社の多くが、このパターンを採用しています。
　なお、平成26年の会社法改正により監査等委員会設置会社が新設されたことから、今後は「監査役会＋会計監査人」ではなく、「監査等委員会＋会計監査人」というパターンの会社が増加する可能性もあります。

■ 機関設計のパターン

		株主総会	取締役	取締役会	監査役	監査役会	三委員会	監査等委員会	会計監査人	会計参与
非公開会社（大会社除く）	①	○	○							△
	②	○	○		○					△
	③	○	○		○				○	△
	④	○	○	○						○
	⑤	○	○	○	○					△
	⑥	○	○	○	○	○				△
	⑦	○	○	○	○				○	△
	⑧	○	○	○	○	○			○	△
	⑨	○	○	○			○		○	△
	⑩	○	○	○				○	○	△
非公開会社（大会社）	⑪	○	○		○				○	△
	⑫	○	○	○	○				○	△
	⑬	○	○	○	○	○			○	△
	⑭	○	○	○			○		○	△
	⑮	○	○	○				○	○	△
公開会社（大会社除く）	⑯	○	○	○	○					△
	⑰	○	○	○	○	○				△
	⑱	○	○	○	○				○	△
	⑲	○	○	○	○	○			○	△
	⑳	○	○	○			○		○	△
	㉑	○	○	○				○	○	△
公開会社（大会社）	㉒	○	○	○	○	○			○	△
	㉓	○	○	○			○		○	△
	㉔	○	○	○				○	○	△

※表中の○は必ず設置しなければならない機関、△は設置しても設置しなくてもよいという機関。
※それぞれの会社の種類によって機関設計のパターンを複数選択できる。
※会計参与は④のパターンを除いて、いずれの機関においても任意に設置できる。そのため、株式会社の機関設計は、全部で47種類となる。

公開会社・非公開会社の特徴について教えて下さい。

一部でも譲渡制限がついていない株式を発行している会社は公開会社です。

すべての株式について譲渡制限がないか、または一部の株式についてだけ譲渡制限がある株式会社を公開会社といいます。

一般的に公開会社とは、上場会社（証券取引所に株式を上場している会社）のことを意味しますが、これとは意味が異なるため注意して下さい（公開会社は株式譲渡制限のない会社のことをいい、上場会社は証券取引所に上場している会社のことです）。

公開会社には、①株主が入れ替わることを予定している、②大規模社であることが多い、③誰もが安心して株主になれるように、「経営の適正化」の要請が強いという特徴があります。

●授権資本制度とは何か

会社が発行する予定の株式の総数（発行可能株式総数）を定めておき、その範囲内で、経営者が資金調達の必要に応じて自由に新株を発行することができるという制度を授権資本制度といいます。ただ、新株の発行は、既存の株主の持株比率を下げることもありますし、株価の低下をもたらすこともあります。そのため、定款で発行可能株式総数を定め、一定の枠の範囲内で新株の発行を認めることにしています。

具体的には、公開会社の場合、会社設立時に発行する株式の総数が、発行可能な株式の総数の4分の1以上でなければならない

という歯止めがかけられています。ただし、非公開会社の場合には、4分の1を下ってもかまいません。

●非公開会社の特徴とは

すべての株式の譲渡につき会社の承認を必要とする株式を発行している株式会社を非公開会社（全部株式譲渡制限会社）といいます。親戚や仲間だけで経営を行うような、事業規模の小さい会社は、非公開会社であることが多いといえます。

非公開会社は、株式の譲渡が制限されている会社であることから、以下のような特徴をもちます。
① 見ず知らずの者が経営に口を出すことがないようにできる
② 通常は株主が入れ替わることを予定していない
③ 株主が経営者を兼ねること（所有と経営の一致）が多いので、会社経営の適正化を図る必要性が小さい

非公開会社にはこのような特徴があるため、会社法も、「設立時の発行株式の総数について下限を設けない」「定款で株主以外は取締役になれないと定めることもできる」などの取締役会設置会社とは異なる制度を認めています。

■ 授権資本制度

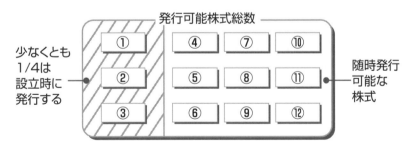

取締役会を設置しなければならないのはどんな会社でしょうか。

事業規模が大きい会社は取締役会を設置することになるのが通常です。

　取締役会設置会社とは、取締役会を置いている株式会社のことです。取締役会を置くかどうかは任意ですが、以下の会社では、取締役会を設置することが義務付けられています。
① 　公開会社
② 　監査役会設置会社
③ 　監査等委員会設置会社
④ 　指名委員会等設置会社

●取締役会設置会社の特徴
　取締役会を置く場合、会議体を構成する上で最低限必要な人数である3人以上の取締役がいなければなりません。
　取締役会設置会社は、ある程度規模の大きい株式会社であるといえます。このような会社では、経営をスムーズに行うために経営を効率的に行うことが重要です。そのため、取締役会を設置しない場合に株主総会の権限とされている事項についても、取締役会設置会社では、取締役会の権限とされていることがあります。
　また、取締役会を設置しない場合、株主総会は、会社に関する一切の事項を決議することができますが、取締役会設置会社の場合、株主総会では、会社法や定款に定める基本的な事項だけを決議し、その他は取締役会で決議するとされています。

第2章

取締役をめぐる法律と手続き

 取締役に求められるのはどんな能力でしょうか。また、社長との関係でどんなことに気をつけるべきでしょうか。

 人が納得する程度の能力が必要です。社長とはまず信頼関係を築きましょう。

　取締役に必要な素養の1つは、精神的に強いことです。取締役は委任された仕事に全面的な責任を負います。裏を返すと、仕事を他者に任せたり、放棄することができない立場ということです。一人の人間としては、ストレスの連続ですが、優れた取締役はストレスを上手にコントロールする方法を知っているものです。精神を強く持ち、どの程度のストレスであれば、自分が仕事を遂行する上でむしろプラスに作用するのかを理解していることが取締役には必要だといえます。

　次に、取締役には、社内外を問わず、「あの人ならば…」と他人に言われるような品格、能力、度量が必要です。取締役は「会社の顔」としての役割を担うことになるからです。品格、能力、度量を備え、社内外に存在感を示すためには、常に勉強し、自らを高めなければなりません。自らの能力を高めているかどうかを客観的に計る目安となるのが、独自の情報収集能力や人脈があるかということです。独自の情報収集能力を持っている人は、人脈がある人だといえます。優れた取締役は、豊富な人脈を持っているものです。

　また、取締役には、人を動かす能力がなければなりません。そのためには、聞き上手になることが大切です。人の話をよく聞き、

わかりやすく説明できる能力、つまりコミュニケーション能力が不可欠です。

　さらに、取締役には、自社への愛着や、関心の高さが必要です。取締役には、従業員とは比べ物にならないくらい、会社に対する大きな責任があります。その責任感を持続させるためには、自社への愛着や関心の高さが不可欠です。

　この他、取締役は、常日頃から決算書など、会社に関係するあらゆる数字に精通しておく必要があります。取締役は会社の業務のシステムの運営に責任を持つ立場です。システムがうまく動いているかどうかを判断するためには、会社の業績をはじめ数字をよく知っておかなければなりません。

　なお、取締役は、時間を上手に使える能力も必要になります。取締役は、従業員のように会社から指示されて仕事をする立場ではありません。スケジュール管理も自分の責任で行わなければならないからです。

●社長との関係について

　取締役として会社を盛り立てていくためには、社長との信頼関係の構築が不可欠です。そのために必要なことは、「コミュニケーションを十分過ぎるくらいにとる」「共通の大きな目標を持つ」「相手（社長）に対する感謝を常に持つ」ということです。

　取締役としては、社長の顔を立てるということも大切です。トップを立てておけば、その威光を借りて組織を統括することもできるからです。なお、社長と意見があわない場合には、決して喧嘩腰にならず、トップの言葉を受け止めた上で、「調整する」という姿勢が必要です。取締役は、担当の部門については社長よりも実情を知っているはずです。そのような立場から見て、社長の意見が違うと確信を持った場合は、あやふやにせず、意見を言うことも「参謀」としての取締役の大切な役目です。

取締役は会社においてどんな役割を果たせばよいのでしょうか。

時代の流れを読み、会社経営の方向性を決める役割を担っています。

　株式会社は、その会社に資金を出資している株主（オーナー）たちの所有物です。本来は所有者である株主が会社の方針から業務事項まですべてを決定できればよいのですが、規模が大きければ、株主は多数存在しますし、その多くは経営自体に興味がない単なる出資者にすぎません。そこで、株主総会で基本事項だけを決定し、日々の業務を任せる取締役を選びます。つまり、所有は株主、経営は取締役という役割分担をしているのが株式会社の特徴です（所有と経営の分離）。

　取締役は、会社経営の方向性を決める役割を担う存在です。株主から会社の業務執行をまかされる立場に立ちますから、経営のプロとして、時代の流れを読み、それにあわせた対応が求められることになります。大きなやりがいを感じる仕事ですが、その反面、重い責任や多くの義務が取締役には課されています。

　このように取締役は会社経営の最前線に立つわけですから、会社の命運を握る存在といえます。それに応えていくために、取締役は、会社を効率的に動かすノウハウ、従業員のもつ力を引き出す能力、経済的な先見性などはもちろんですが、企業の法律違反が目立つ今日では、会社関連の法律への対応力など、様々な能力を兼ね備えなければならない存在だといえます。

ただ、取締役としての必要な資質をすべての人が持っているわけではありません。選ぶ側も選ばれる側も、その人が（あるいは自分が）取締役として適任なのかどうかを考えることも大切です。

会社関係の法律はその時々の経済情勢などにあわせて目まぐるしく改正されます。その中で会社を経営し、発展させていかなければならないのが取締役ですから、時代の変化に迅速に対応する能力が必要となります。

会社の先頭に立って取引を行っていくことや取締役会という発言の場が与えられていることから考えて、リーダーシップをもって行動する力や人を説得する力も大切です。トラブルやクレームの処理能力も必要です。部下からの人望も重要でしょう。また、取締役による違法行為に対しては、民事上または刑事上、厳しい責任追及が行われます。とくに、近年、企業による犯罪や法律トラブルが多くなっている現状を考えると、法律をよく知り、そして守る（コンプライアンス）力もますます必要になります。

● こんな人は向いていない

大企業では、総務担当取締役、営業担当取締役、技術担当取締役、財務・経理担当取締役、法務担当取締役、人事担当取締役、労務担当取締役といった専門分野に取締役を置く場合があり、ある専門分野に精通していることが求められる場合もあります。このような能力も重要であることに違いはありませんが、取締役同士は会社の健全な発展のために議論し合う必要がありますから、自分の専門領域以外を他の取締役任せにするような人は取締役には向いていません。なお、株式会社では、制度上、会社の所有者と経営者が分離していますから、取締役は株主の利益に反する行為を行う危険性があります。そのため、取締役が権限を濫用して、会社（＝株主）の利益を害することがないように、是正を図る手段が用意されています。

取締役や役員とよく似た用語として気をつけなければならない用語にどんなものがあるのでしょうか。

「執行役員」と「役員」の区別については注意が必要です。

　「役員」という言葉は、日常的には経営幹部一般を示す用語として使われています。
　しかし、会社法では「役員」という言葉を限定して使用します。会社法上、役員として扱われるのは、取締役、会計参与、監査役の3者です。会計参与や監査役も「役員」であることに注意して下さい。この3者に執行役（指名委員会等設置会社に置かれる機関）と会計監査人を合わせた5者を会社法上「役員等」と呼びます。
　会社法の「役員」「役員等」との関係で注意が必要な用語が「執行役員」です。執行役員は、取締役会または代表取締役から業務執行権限を与えられた者で、特定の部署の最高責任者として従業員の中から選任されることが多いようですが、役員とは限りません。また、名称は似ていますが、執行役員は指名委員会等設置会社の執行役とも異なります。

●業務執行取締役とは
　代表取締役以外の取締役で業務執行権限を与えられた者のことを業務執行取締役といいます（43ページ）。
　「取締役＝役員」と捉えておおむね問題はありませんが、用語の正確な使い方を意識することは大切です。

取締役は会社とどんな関係になるのでしょうか。

従業員と異なり、会社との関係は雇用ではなく委任です。

　従業員と会社は雇用契約で結ばれています。雇用契約は、「雇う側」（会社）と「雇われる側」（従業員）という主従関係が強く反映しています。雇用者（会社）は使用人（従業員）に様々な指示を出し、使用人はその指示に従わなければなりません。立場上、弱い立場にある従業員が不当な労働条件で働くことになることを防止するため、労働基準法などによって労働条件を交渉できる権利や最低報酬基準などの保護が図られています。

　これに対して、取締役と会社は委任契約によって結ばれています。委任契約においては、委任者（会社）と受任者（取締役）の関係は、会社と従業員の関係とは違い、ほぼ対等だといえます。受任者には独立性があり、また委任された分野について自由に行動できる裁量の幅が広く与えられ、自らの判断で委任者からの指示を拒否できることもあります。その分、善管注意義務（140ページ）などを負うことになりますし、報酬も株主総会の承認で決定されます。委任者と受任者との間に労働基準法などの規制は及びません。

　なお、取締役には法律上の年齢制限はありません。仮に定年を決めたとしても、それを定款や取締役就業規則に定めておかなければ単なる紳士協定にすぎないことになります。

使用人でありながら取締役も兼任することは可能でしょうか。

取締役と従業員の地位は両立しないものではないため、兼任は可能です。

　企業によってはたとえば広報部長という使用人としての立場をもった者が取締役にも就任しているところがあるでしょう。このような場合、多くは「取締役広報部長」という肩書を使うようです。この場合、その人は取締役という委任契約と、広報部長という雇用契約の2つの契約を会社と結んでいることになります。

　雇用契約の場合は、従業員は原則として雇用者の指示に服します。雇用者と従業員の力関係は大きく開いており、支配服従関係が存在しています。委任契約には解約自由の原則があります。受任者に独立性があり、裁量が広く、対価は報酬となります。

　このように、取締役と従業員の地位は、会社と委任関係に立つのか、雇用関係に立つのかという点で大きく違います。

　ただ、取締役と従業員の地位は両立しないものではありません。従業員と取締役の地位を兼ねる者を使用人兼務取締役といいます。

　これに対して、ある取締役の立場が「広報担当取締役」という肩書になると、従業員としての地位を持たない役付の取締役ということになります。このような取締役のことを役付取締役といいます。

取締役の報酬はどのように決めるのでしょうか。

「お手盛り」を防ぐため、定款または株主総会で決定します。

　報酬とは、職務執行の対価として会社から支給される財産上の利益のことです。金銭に限らず、現物報酬も含まれます。賞与も職務執行の対価といえますから、報酬と同じ規制に服します。

　委任契約は、民法の原則によると無償です。しかし、経営の専門家として会社に従事し、重い責任を負わされる取締役には、反対の意思が明示されない限り、報酬請求権があると考えられています。

　取締役の報酬の決定は、業務執行としての性質をもつから、業務執行機関である取締役会あるいは代表取締役が決定できると考えることもできます。しかし、それでは、取締役や代表取締役は自分の好きなように報酬を定めることができることになってしまいます（いわゆる「お手盛り」）。

　そこで、このような「お手盛り」の弊害を防止するため、取締役の報酬は定款または株主総会で決定することとされています。定款に定めがあればそれに従いますが、定款に定めがない場合、次の事項を株主総会で定めます。①報酬などのうち額が確定しているものについては、その額を定め、②報酬などのうち額が確定していないものについては、その算定方法を定め、③報酬などのうち金銭以外については、その具体的な内容を定めます。な

お、取締役個々の報酬額を決める必要はありません。報酬の総額を決議し、それをどう配分するかは取締役会に一任するのが一般的です。株主は取締役たち経営陣にどの程度の報酬が渡されるのかを知れば、それが会社の業績に対して適当かどうかを判断できるので、総額を決議すればよいとされています。取締役会で決められた配分について株主総会で説明する義務はありません。

● 取締役の報酬の減額

具体的に確定した取締役の報酬は、特約・慣行などがない限り、原則として株主総会・取締役会で減額することはできません。取締役の報酬が具体的に株主総会で決められた場合には、取締役と会社との間で報酬について契約が交わされたといえるので、取締役の同意がない限り、株主総会や取締役会の決議によって、減額したり不支給とすることはできません。いったん、発生した報酬請求権は、取締役と会社との間で交わされた契約によって取締役にもたらされた既得利益といえるからです。

■ 取締役の報酬決定のしくみ

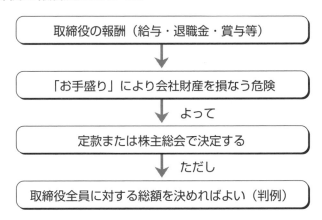

 取締役会の報酬は従業員の給与と取扱いが異なるのでしょうか。

 業績が悪化した場合には総会決議で無報酬とされることもあります。

　従業員の場合、給与などは労働基準法などの労働関係の法律によって受給する権利を守られています。たとえば取締役会で「今月は無給とする」と決定がなされたとしても、それは実現できません。減給などはあるでしょうが、基本的には会社が倒産しない限り、給与をもらえなくなることはありません。

　これに対して、取締役が報酬をもらうためには株主総会の決議が必ず必要です。退職金も同じで株主総会の決議なしに支払われることはありません。決議がないのであれば、報酬が支給されなくても文句はいえません。また、従業員が何らかの理由で給与などを差し押えられるような場合、その額は給与の4分の1までとされていますが、取締役にはこのような制限はないため、報酬の全額を差し押えられる可能性があります。

　会社の先頭に立って業務を執行していく分、報酬や退職金は従業員と比べて高額ですが、このような不安定さもあるということを覚えておきましょう。

●使用人兼務取締役の報酬

　使用人兼務取締役の報酬は、取締役として受ける部分については株主総会の決議が必要ですから、その分を株主総会に提示する取締役の総報酬の中に入れておかなければなりせん。

使用人として受ける部分については労働契約上の労働の対価として支払われるものですから、従業員の給与と同様に、株主総会の決議は必要ありません。使用人としての立場で受け取る退職金についても株主総会の決議の必要はありません。

● 一人会社の場合も報酬決定について株主総会の開催が必要か

株主が1人しかいない会社を「一人会社」といいます。株式会社には上場企業のような大きな会社もあれば、このような極めて小さな会社もありますが、株式会社である以上、たとえ株主が一人しかいない会社であろうと、会社法の規定が適用されます。

取締役の報酬は、会社の業績を無視して自分たちの報酬を自由に決め、会社の財務状況を悪化させることがないように、株主総会で決めなければなりません。しかし、一人会社の場合、株主は一人ですから、その人さえ承諾すれば株主総会の決議があったのと同じことになります。つまり、一人会社の場合は、会社法上定められた招集手続きにのっとって株主総会を開催する必要はなく、一人の株主の同意によって取締役の報酬を決めることが可能になります。

■ 一人会社の報酬決定

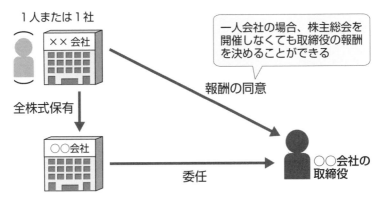

取締役の報酬を金銭以外のものとすることはできますか。

ストックオプションなどが金銭以外の報酬の代表例です。

　金銭以外のものを取締役の報酬とすることも認められています。
　ストックオプション（取締役や従業員に対して予め格安で自社の株式を購入できる権利）を取締役の報酬にするのがその一例です。ストックオプションの導入をするのであれば、新株予約権（会社に対して行使することによって会社の株式の交付を受けることができる権利のこと）はいつまで有効であるのか、取得した株式は退職後どうすればよいのか、などについて、会社法のルールに沿って決まりを作ることになります。
　ただし、金銭以外のものを報酬とする場合、これを含めた形で「報酬」としなければ、取締役の報酬は株主総会の決議によるとした意味がありません。ストックオプション以外の場合であっても、たとえば、取締役に安い家賃で社宅を貸すような場合にはその家賃を明らかにし、そのような提供が相当である理由を株主総会で示し、承認を得ることが必要です。

●業績連動型の報酬
　報酬を業績に連動するような不確定な金額にすることが認められています。業績連動型で取締役の報酬を決める場合には、株主総会で報酬の具体的な計算方法とそれが相当である理由を示し、株主総会で承認を得なければなりません。

 退職慰労金の支払いについてどんな問題点があるのでしょうか。

 取締役のプライバシーなども考慮し、退職慰労金規程などの整備が重要です。

　退職慰労金は社会一般の用語では「報酬」ではありません。したがって、取締役の退職慰労金を決める際に株主総会での決議までは必要ないようにも思われます。

　しかし、取締役会でこれを決定できるとすると、取締役らが不当に高額な退職金を給付してしまうおそれもあります。したがって、退職慰労金も「報酬」に含めて考えて、株主総会の決議が必要です。

　取締役の報酬はその総額を株主総会の決議で決めればよいということになっています。しかし、退職慰労金の場合、「総額」といってみたところで、受け取る対象者が何人もいるわけではありませんから、具体的金額が明らかになってしまうこともあります。

　取締役にもプライバシーはありますから、ここまではっきりと示すことを避けるために、実際の株主総会では、「退任した取締役に、当社の役員退職慰労金規程に従って相当額を支払う」と決議することが多いようです。

　ただ、このような決議をするには退職慰労金の具体的な額の算定基準が退職慰労金規程などではっきり決まっている必要があり、かつ株主がそれを閲覧できる状態になっていなければなりません。

● 使用人兼務取締役の退職金

　退職の際、取締役などに支払われるこれまでの職務への慰労の意味をもった「退職慰労金」は、従業員に支払われる賃金の後払いや退職後の生活保障といった意味をもつとされる「退職金」とは違うものと考えられています。

　使用人兼務取締役は使用人と取締役の両面を持っているので、退職する時は退職金と退職慰労金を支払う必要がありますから、それぞれの規程に沿った給付が必要になります。

● その他の問題

　使用人兼取締役の場合、解雇予告手当の問題もあります。

　会社は取締役と委任契約を結んでいます。委任契約では委任者はいつでも受任者を解任できることから、会社はいつでも取締役を解任することができます。また、取締役と会社の関係は雇用契約ではないため、労働基準法の解雇予告手当を取締役に給付する必要はありません。

　ただ、使用人兼務取締役は使用人としての面をもっていますから、解任する場合は、「取締役分の報酬」と「使用人分の給与」とを区別し、労働基準法の適用がある「使用人の給与」部分については、解雇予告手当を支給する必要があります（41ページ）。

■ 使用人兼取締役の報酬（賃金）と退職慰労金（退職金）………

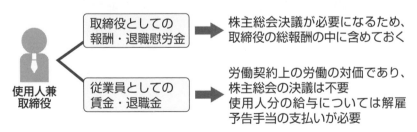

取締役が同業他社へ転職した場合の退職金はどんな扱いになるのでしょうか。

減額も可能ですが、トラブルが生じないように気をつけます。

　裁判例の中には従業員の場合ですが、「同業他社に転職した場合のその者への退職金は自己都合退職の半額とする」とした退職金規程は労働基準法などに違反せず有効としたものがあります。会社が同業他社に人材を流さないための策としてこの程度の給付減は仕方がないということでしょう。

　これに基づいて考えると、取締役が同業他社へ転職した場合には退職慰労金の額を減らすとしても違法にはなりません。むしろ、取締役が会社の企業秘密やノウハウを手に入れやすい立場にいることを考えると従業員の場合よりも厳しい措置になると考えるのが自然です。

　ただ、このような決まりを杓子定規に適用しないようにしましょう。たとえば相当の理由のないまま解任され、行き場がないので同業他社に就職せざるを得なかった退職取締役に規程を適用すると、会社に対して退職慰労金の支払を求める裁判が起こされることもないとはいえません。

　退職の経緯や目的、会社の被った損害などを総合的に考えて、背信性が認められる場合に退職慰労金の額を減らすことにした方がよいでしょう。

役員の退任と従業員の退職で異なるところはあるのでしょうか。

従業員に対する退職金とは扱いが異なりますし、解雇予告手当は不要です。

　退職慰労金も報酬ですから、退職慰労金については、報酬で述べたことと同様のことがあてはまります。
　つまり、従業員の場合、退職金や賞与の支払基準が就業規則などで定まっていれば、会社が倒産しない限り支払ってもらえます。しかし、取締役の退職金は、いくら社長が支払うと言ったとしても、株主総会において支払う旨の決議がなされない限り、支払われません。賞与についても同様に、株主総会で決議されなくてはなりません。また、従業員の給与であれば、第三者から差押えできる額は給与の4分の1に限られますが、取締役の報酬は全額差し押さえられてしまうこともあります。

●解雇予告手当の支払い
　会社と雇用関係にない、単なる取締役を解任する場合には、解雇予告手当は必要ありません。
　ただ、使用人兼務取締役の場合、「取締役分の報酬」と「使用人分の給与」とを区別して、使用人分の給与については、解雇予告手当を支給しなければなりません。明確に区別されていない場合は、何らかの合理的・客観的な方法で区別するしかありません。もし、区別ができなければ、報酬と給与の総額を基準にして解雇予告手当の額を決めることになります。

 取締役や業務執行取締役はどんな仕事をするのでしょうか。

 会社経営に必要なことはすべて業務となります。

　取締役の仕事は会社の業務を担当することです。業務とは、会社経営のために必要な行為のすべてを意味します。「材料を仕入れる」「製品を製造する」「商品を販売すること、必要な設備を整えること、銀行から資金を借り入れる」など、会社経営に必要なことはすべて業務であり、これが取締役の仕事ということになります。

　取締役会を設置しない会社の場合には、原則として、各取締役が業務を執行します。取締役が2人以上いる場合には、取締役の過半数で業務を決定します。この場合、会社の支店（支社）などをまかされている支配人の選任・解任、支店の設置・移転・廃止、内部統制システム（取締役の職務執行が適正に行われるようにするためのルールと体制作り）の整備などを各取締役に委任することはできません。取締役は、会社に著しい損害を及ぼすおそれのある事実があることを発見した場合には、すぐにその事実を株主（監査役を設置している会社の場合は監査役）に報告しなければなりません。各取締役は、単独で会社を代表するのが原則です。ただ、代表取締役を定めることもでき、その場合は、代表取締役が会社を代表することになります。

　代表取締役は、定款または定款の定めに基づく取締役の互選、

あるいは株主総会の決議によって、取締役の中から選ばれます。

一方、取締役会設置会社では、取締役会が会社の業務執行について意思決定を行い、代表取締役その他の取締役の職務を監督します。個々の取締役は、取締役会のメンバーとして経営に参加します。取締役会で取締役の中から選定された代表取締役が、業務を執行し、会社を代表することになります。

●業務執行取締役とは

業務執行の決定を行うのが取締役会ですが、取締役会で決められた業務執行の決定に基づき、決められた業務を誰が行うのかについては、会社法で、会社の業務執行を担当する者は、①代表取締役、②代表取締役以外で取締役会の決議によって業務を執行する取締役と指名された者（業務執行取締役）と規定されています。

取締役の行為を他の取締役は監視・監督していくことになります。そのためには、取締役が会社の業務状況や財政を知っておく必要がありますから、代表取締役と業務執行取締役には、最低でも3か月に1度は業務の執行状況を取締役会に報告する義務が課せられています。

■ 取締役の職務内容

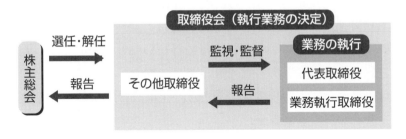

取締役の資格について制限はあるのでしょうか。

一定事由のある者は取締役になることができません。

　取締役会は会社の経営方針を決定する機関です。ここでの判断を誤ってしまうと、会社の財政状況などが悪化し、経営の見通しが立たなくなります。不況が続いている現状を考えると最悪の場合は倒産といったことも考えられます。したがって、取締役会のメンバーである取締役に誰を選ぶのかは非常に重要な問題です。取締役を選ぶ権限をもっているのは、出資者であり会社の所有者である株主です。株主は、会社の最高機関である株主総会に参加し、取締役を選任することで、会社の経営の方向を自ら定めていることになるわけです。

　株主総会で取締役を選任する際には、普通決議を経なければなりません。したがって、たとえば、創業者である社長が、株主として過半数以上の議決権をもっていなければ、自分の意思だけで取締役を任命するといったことはできないことになります。ただし、取締役は、会社の経営を担う者ですから、経営者にふさわしくないなど一定の事由のある者（45ページ図）を取締役として選任することはできません。

　なお、選任にあたり、従業員以外の者を社外取締役として招くこともできます。外部から取締役を招く場合、候補者の選定、就任の意向の確認、報酬などの条件交渉、合意といった手続きが必

要になります。

●未成年者は取締役になれるのか

　法律では、未成年者が取締役になることを禁止していませんが、民法上、未成年者には「行為能力」（単独で有効な法律行為を行うことができる能力のこと）についての制限があり、未成年者は、親の同意を得ずに行った取引行為を取り消すことができます。取引相手にとっては、非常に不安定な取引相手ということになりますし、未成年者に代表取締役や他の取締役を監視できるだけの判断能力があるのか、という疑問もあります。結局、未成年者を取締役に選ぶことは適切ではないといえます。

●定款で資格を制限できる

　たとえば、定款で、取締役を日本人に限定する定めを設けることができます。また、非公開会社（23ページ）の場合は、取締役を株主に限定する定めを置くこともできます。ただ、公開会社（22ページ）の場合は、取締役を株主に限定する定めを置くことは許されません。

■ 取締役の資格が問題となるケース

資格がない者（欠格事由）
①法人
②成年被後見人（精神上の障害により判断能力を欠く者）または被保佐人（精神上の障害により判断能力が著しく不十分な者）
③会社法、一般社団・財団法人法、金融商品取引法、倒産法（民事再生法、外国倒産処理手続の承認援助に関する法律、会社更生法、破産法）に定めた罪を犯し、刑に処せられ執行を終えた日または執行を受けなくなった日から2年を経過していない者
④その他犯罪を犯し、禁錮以上の刑に処せられ執行を終えていない、または執行を受けないことになっていない者

第2章 ● 取締役をめぐる法律と手続き

取締役が他社の取締役を兼任することはできるのでしょうか。

競業避止義務、秘密保持義務との関係で注意が必要です。

　取締役が他社の取締役に就任を要請された場合には、取締役が負っている競業避止義務（160ページ）の問題が生じます。現在、取締役として就任している会社と就任要請があった会社が営業的に競業関係にあるのであれば、だまって取締役に就任してしまうと競業避止義務違反となる場合があります。営業的に競業するかどうかの判断はなかなか難しいですから、一見、競業関係にはないと思われるような場合であっても取締役会の承認を得た上で他社の取締役を引き受けた方が無難だといえます。

　また、他社の取締役への就任自体は認められても、自社の秘密事項やノウハウを他社にもらしてしまうと秘密保持義務に違反する可能性もあります。この場合は、自社から損害賠償責任を追及されることもありえますから、兼任する形で他者の取締役になった場合でも、自社の利益のことを考えた行動が必要になります。

　なお、親会社と子会社の取締役を兼任することは可能です。親会社と子会社の両方の経営実態を知ることでグループ全体の利益をめざすこともできるからです。ただ、親会社と子会社との間で行われる取引も種類によっては、両社の利益が相反する場合もあります。この場合は利益相反取引の問題（168ページ）が生じますから、取締役会の承認が必要となります。

取締役の人数や任期は会社によって異なるのでしょうか。

人数や任期は会社によって異なります。原則として取締役の任期は2年です。

　取締役会非設置会社の場合、取締役は1人でもかまいません。取締役会設置会社の場合は、3人以上の取締役を選任しなければなりません。任期満了や辞任によって取締役が退任する場合、定員未満にならないように、株主総会ですぐに新しい取締役を選任してもらう必要があります。すぐに選任できない場合には、裁判所に取締役の業務を一時的に行う一時役員を選任してもらうことができます。

　役員の欠員については、一時的な役員を選任して対応することもできますが、欠員に備えて予め補欠の役員を選任しておくこともできます。このようにして選任された役員を補欠役員といいます。補欠監査役については、定款で任期前に退任した監査役の残りの任期を補欠監査役の任期とすることを定めることができます。たとえば4年の任期の監査役が選任から2年後に死亡した場合、補欠監査役の任期は残りの2年ということになります。

●取締役の任期は何年か

　会社の取締役の任期は、原則として選任後2年以内の最終の決算期に関する定時総会の終結の時までです。定款・株主総会の決議で任期を短縮することもできます。任期を短縮すると、役員変更と変更登記手続きをしなければならず、登記費用もよけいにか

かるため、その点をふまえた上で任期を短縮するかどうかを決めるべきです。また、以下のように会社の規模やしくみに応じて取締役の任期に差が設けられています。

・**非公開会社の取締役の任期**

　指名委員会等設置会社等を除く非公開会社の取締役の任期は、定款で最長、選任後10年以内の最終の決算期に関する定時総会の終結の時まで伸長することができます。

・**指名委員会等設置会社の取締役の任期**

　選任後1年以内の最終の決算期に関する定時総会の終結の時までです。委員会を設置するような大規模な会社では、取締役が権限を濫用して会社や株主の利益を侵害する危険が大きいため、任期を短くしてチェックがしやすいようにしています。

・**監査等委員会設置会社の取締役の任期**

　監査等委員である取締役の任期は、監査の職務を行うため独立性を保つ必要があるので、他の取締役（1年）より長く、選任後2年以内の最終の決算期に関する定時総会の終結時まで（定款・株主総会決議で短縮できません）です。もっとも、経営の決定に関与するので監査役（4年）よりは短い期間となっています。

■ 会社のパターンと取締役の任期のまとめ

員　数	1人または2人以上（取締役会を設置する場合には3人以上）
任　期	・原則→2年（定款・株主総会決議で短縮できる） ・例外1…指名委員会等設置会社等以外の非公開会社→最長10年まで伸長できる ・例外2…指名委員会等設置会社→1年 ・例外3…監査等員会設置会社 　監査等委員以外の取締役→1年（監査等委員である取締役については2年）

取締役の人数を減らすことはできるのでしょうか。人数を減らした場合、報酬の取扱いはどうなるのでしょうか。

取締役の人数を減少させた結果、報酬の定めの変更が必要になることもあります。

　取締役会設置会社の場合、取締役会の人数は、会社法で３人以上と決まっています。また、定款で取締役の人数を定めている場合、その人数を下回るような取締役の人数の変更はできません。
　そこで、取締役設置会社が２人以下に取締役の人数を減らすには、取締役会を廃止する必要があります。定款で定める人数以下に取締役の人数を減らすには、定款の変更が必要になります。
　取締役の報酬は、原則として、定款あるいは株主総会の決議で決めなければなりません。また、定款か株主総会で取締役全員に支給する報酬の総額やその範囲（上限）を定め、その総額またはその範囲内で、取締役会または取締役の決定によって、各取締役の報酬を決める方法もあります。
　取締役の人数の減少によって、各取締役の報酬は変えずに、報酬総額を減少させる場合において、定款または株主総会で取締役全員に支給する報酬総額を定めているときには、その減額改定が必要です。定款または株主総会で、報酬総額の範囲（上限）を定めているときには、原則としてその範囲の変更は不要です。
　一方、報酬総額を変えずに、各取締役の報酬を増額させる場合には、株主総会の決議または取締役会の決議（あるいは取締役の決定）で、各取締役の報酬を増額改定することが必要です。

 **取締役の選任手続きについて教えて下さい。**

 社長が勝手に選ぶことはできず、総会決議での選任手続きが必要です。

　取締役会は会社の経営方針を決定する機関です。したがって、取締役会のメンバーである取締役に誰を選ぶのかは非常に重要な問題です。取締役を選ぶ権限は、会社の所有者である株主が集まる会社内の最高決定機関である株主総会にあります。そこで取締役を選ぶことで、株主が取締役に対して会社の経営を任せているわけです。誰を取締役にして経営を任せるのかについては、出資をしている株主自身が決めるべきことです。社長が勝手に取締役を任命したりすることはできません。

　決議の方法については、取締役は、株主総会の普通決議（議決権を行使できる株主の議決権の過半数をもつ株主が出席し、出席した株主の議決権の過半数によって行われる決議）によって選任されます。

　取締役選任の効力は、株主総会において選任の決議がなされ、取締役が就任を承諾したときに生じます。選任された取締役の氏名は登記されます。取締役が株主総会で選任されることを条件に予め就任を承諾している場合は、株主総会での選任決議によって効力が生じます。登記を怠ると、会社と取引をしている第三者に対して自分が取締役だということを主張できなくなります。

Question 18 弁護士や公務員を取締役に選ぶこともできるのでしょうか。

Answer 弁護士を取締役とすることは可能ですが、公務員の選任は認められていません。

　取締役になるためには様々な資質が必要となりますから、その種の資質を持った専門家に取締役になってもらいたいと思うこともあるでしょう。

　法律の専門家である弁護士を法務担当取締役などとして迎え入れたい場合、その弁護士が所属する弁護士会の許可が必要になります。また、会社の顧問弁護士が取締役になり、その上で、会社の裁判を引き受けて弁護士報酬を得るケースなどは、利益が相反する行為（利益相反取引、168ページ）となる可能性がありますから、取締役会で承認決議をするのが無難です。

●公務員を取締役に選ぶことができるのか

　行政などを相手にする会社などでは、取締役として公務員を選びたいと考えるかもしれません。

　しかし、公務員は、国民全体の利益を図るために、国家公務員法上あるいは地方公務員法上の「職務専念義務」を負っています。会社の特定の利益を追求する取締役にはなれません。なお、国家公務員は、公務員の職を離れた後も「守秘義務」を負っており、離職後2年間は、その離職前の5年間に在職していた職場と密接な関係にある会社の役員にはなれないことになっています。

株主総会を開かずに取締役を選任した場合はどうなるのでしょうか。

選任の効力は生じないため、選任された者は取締役としての地位を有しません。

　会社の経営陣は、取締役の候補者を提案することができます。通常、社長が提案した候補者が、そっくりそのまま取締役に選任されることが多いでしょう。

　しかし、法律上は、取締役を選任する権限をもつのは、社長や取締役などの経営陣ではなく、株主総会です。誰を取締役にするかの決定は会社にとって最も重要な事項であり、会社のオーナーである株主が株主総会の決議によって決めるべき事柄だからです。

　代表取締役が株主総会を開催せずに取締役を選任しても無効です。この場合、選任の登記をした代表取締役は公正証書原本不実記載罪を犯したことになり、会社に対して損害賠償責任を負います。

　また、実際に株主総会が開かれていないような場合、株主総会が自体が存在しない事になります。このように株主総会自体が存在しないとき、株主総会が存在しない事について正当な利益がある者であれば誰でも、株主総会が存在しない事を確認する請求をする事ができる可能性があります。

　なお、株主総会の決議の省略が常に違法と扱われるわけではありません。全株主の同意を示す書面などがあれば、株主総会の決議を省略することができる制度が認められています（248ページ）。

取締役の辞任により定員割れが発生した場合、どうすればよいのでしょうか。

後任が就任するまでの間、辞任した取締役が引き続き職務を行います。

　取締役の大半が辞任を申し出てきても、取締役の数が法律や定款に定める定員を満たしていれば、とくに問題はありません。取締役会設置会社の取締役の定員は、最低3名と決められていますが、取締役の大半が辞任した場合であっても、3名以上残るのであれば、後で後任の取締役を選任すれば足ります。

　一方、取締役が定員を欠くことになった場合、すぐに株主総会を開いて後任の取締役を選任する必要があります。この際、滞りなく後任を選任できればよいのですが、時間がかかる場合もあります。そこで、後任の取締役が就任するまでの間、辞任した取締役が引き続き取締役の仕事にあたることになっています。

　もっとも、これらの場合、必要があると認めるとき、裁判所は、在任する取締役など利害関係人の申立てに基づいて一時役員（代表取締役、委員）の職務を行う者を選任することができます。

　一時的に選任される取締役や代表取締役は、仮取締役・仮代表取締役とも言われています。

　また、役員ではありませんが、会計監査人に欠員が生じた場合ですぐに会計監査人が選任されないときも同様に、監査役（監査役会、監査委員会）は、一時会計監査人の職務を担う者を選任しなければなりません。

一度に取締役全員が辞任しても新しい取締役が選任されるまでは義務や責任は存続するのでしょうか。

新しい取締役が選任され、就任するまで取締役としての義務や責任は存続します。

　取締役の人数は原則1人ですが、取締役会を設置する会社の場合、取締役の人数は3人以上でなければなりません。そして取締役の全員又は大半が辞任することにより取締役の人数が会社法や定款に定める定員に満たさなくなった場合は、株主総会で新たな取締役を選任しなければなりません。

　取締役が任期の満了や辞任によって退任し、会社法又は定款に定める取締役の定員を満たさなくなった場合、退任した取締役は新しい取締役が就任し、会社法又は定款に定める取締役の定員を満たすまで取締役としての権利義務を有することになり、いつまでも取締役の責任から解放されず、場合によっては取締役として損害賠償の責任を負うことも考えられます。

　このように、任期満了や辞任により退任した取締役が、退任後も取締役としての権利義務を有するのは、退任することにより会社法又は定款に定めると取締役に定員を満たさなくなる場合に限ります。取締役の大半が辞任を申し出たとしても、取締役の人数が会社法又は定款の定めを下回る事がなければ、新しい取締役を選任する必要がないので、辞任した取締役は取締役としての権利義務を有することなく退任する事ができます。

取締役の解任はどのように行われるのでしょうか。

選任と同様に株主総会の普通決議で解任を決議します。

　取締役が、任期の途中で解任させられたりすることもあります。自発的に辞める辞任とは違い、解任は、取締役を辞めさせることです。

　取締役を解任するには、原則として取締役会からの提案（発議）によって、株主総会で決議する必要があります。株主総会で解任決議をするためには、総株主の議決権の過半数にあたる株式をもつ株主の出席（定足数）を満たした上で、その議決権の過半数の賛成が必要です。

　たとえば、総株主の議決権が100個だとすると、総計51個分の議決権をもつ株主たちが出席し、その過半数にあたる26株以上の議決権をもつ株主が賛成すれば、解任が決定されます。

　取締役の任期途中での解任は、トラブルの原因にもなります。そこで、任期満了で再任しないで、そのまま辞めてもらうという方法もあります。取締役会で、辞めてもらいたい取締役に辞任してもらうように説得する場合もあります。辞任という形をとれば、本人が自発的に辞めるということになりますから、トラブルを避けることができます。

　ただ、解任することに正当な理由がない場合、会社は取締役に対して損害賠償責任を負うこともあります。

解任の訴えとはどんな訴えなのでしょうか。一般的な訴訟提起と同様の手続きが必要なのでしょうか。

少数株主などが不正行為を働いた取締役を、裁判により解任するための訴えです。

　取締役が不正な行為をしたとき、または法令・定款に違反する重大な事実があったにも関わらずその役員を解任する旨の議案が株主総会で否決された場合、一定の要件を満たす株主は裁判所に取締役の解任を請求する訴えを提起することができます。

　提訴期間は、総会の日から30日以内です。6か月前から引き続き総株主の議決権（または発行済株式）の3％以上をもっていれば行使できます（非公開会社では、6か月の保有期間は不要）。

　なお、解任の訴えは事前に株主総会が開かれ、役員解任の否決がされていない場合は提起することはできません。これは、同じく株主からの訴えである株主代表訴訟が、株主総会の決議と関係なく提起することができるのと異なります。

　解任の訴えは、会社と取締役の双方を被告として、会社の本社所在地を管轄する地方裁判所に申し立てる必要があります。たとえば、被告となる会社の本社所在地が東京であれば東京地方裁判所になります。

　なお、取締役が現在も不正行為を継続し、会社に損害を与えている場合には、その行為自体を止めさせるため、違法行為の差止請求をあわせて提起することができます。

取締役の解任について、どんな問題があるのでしょうか。

正当事由のない解任の場合、損害賠償責任を負うことがあります。

会社のオーナーである株主としては十分な実力がない者をいつまでも取締役にしておくわけにはいきません。このため、取締役として不適切な行動をとったからなどの正当事由がなくても、株主総会における普通決議によって、その取締役を解任することができます。たとえば、取締役の判断ミスによって会社に損害を与えたケースや、取締役の不適切な行動により会社の業務執行に支障をきたしたケースでは、取締役を解任するための「正当事由」があるとされるケースが多いといえます。しかし、そういった正当事由がなく取締役を解任し、それにより当該取締役に損害が生じた場合、会社として損害賠償責任を負う可能性もあります。

また、通常の取締役の解任は株主総会の普通決議で決定することができますが、累積投票制度（少数派株主からも取締役を選任できるようにするために、選任される取締役と同数の議決権を1株につき与え、その全部を特定の取締役に投票することを認める制度）により選任された取締役については株主総会の特別決議がなければ解任することができません。さらに、種類株式を発行している株式会社で取締役を種類株主総会で選任した場合、定款に「株主総会で解任できる」旨の定めがない限り、解任する取締役を選任した種類株主総会の決議で解任しなければなりません。

使用人兼務取締役や役付取締役を解任する場合にはどんな点に注意が必要なのでしょうか。

立場を兼ねていることをふまえた取扱いが必要になります。

　会社によっては、取締役が各部署の部長などを兼ねているケースもあります。たとえば、「取締役営業部長」といった肩書を持つ人がいますが、これを「使用人兼務取締役」といいます。使用人兼務取締役は、「取締役」という身分と「部長」という従業員としての身分を同時にもちます。

　使用人兼務取締役の場合、取締役を解任されても、「部長」としての身分は残ります。つまり、労働者としての解雇手続きが必要になるため、その部長が会社に損害を与えたなどといった理由がなければ、解雇することはできません。「使用人兼務取締役」に就業規則が適用できるかは会社によって違いますが、従業員用の就業規則によるにしても取締役就業規程によるにしても、実態として使用人である以上、正当な事由がない限り、解雇は権利の濫用とみなされ、無効になるおそれがあります。

　一方、役付取締役（32ページ）の場合、役だけを外す取扱いについて留意します。専務や常務としての職を解かれたとしても、取締役そのものを解任されるということではありません。役付を外されたとしても、取締役である以上、引き続き取締役としての仕事をすることになります。取締役としての地位を解くのは、あくまで株主総会の権限です。

在任中に取締役が会社犯罪などを行った場合、どうなるのでしょうか。逮捕・起訴された段階で取締役としての地位を失うのでしょうか。

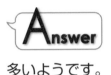
法律上は、逮捕や起訴のみでは地位を失いませんが、現実的には解任されるケースが多いようです。

　取締役が会社法上の犯罪以外の罪を犯し、逮捕、起訴されたとしても、それだけで当然に取締役としての資格を失うわけではありません。取締役が在任中犯罪を行い、訴訟で刑罰が確定した場合には取締役としての資格を失います。

　この場合、訴訟で会社法や一般社団・財団法人法などの犯罪を行ったと判断された場合には、執行猶予がついても取締役としての資格を失います。たとえば、取締役が株主の権利行使について財産上の利益を与えた場合の「利益供与罪」や「特別背任罪」などがこの例です。取締役が会社法などの犯罪を行った場合には、執行猶予の有無に関わらず、直ちにその資格を剥奪し、厳しく責任を問おうとしています。

　一方、会社法や一般社団・財団法人法などの犯罪以外の犯罪については刑罰が確定しても、執行猶予がついた場合は、取締役としての資格を失うことはありません。

　もっとも、刑事事件を起こした取締役は、刑の確定を待つまでもなく、逮捕あるいは起訴された段階で株主総会の決議により解任される場合が多いでしょう。逮捕・起訴されただけでも、会社の信用を大きく失墜させたといえるからです。

 譲渡制限株式会社や指名委員会等・監査等委員会設置会社での取締役の選任・解任ではどんなことに注意すればよいのでしょうか。

 機関設計により取締役の選任・解任方法に制約がある点に注意が必要です。

　株式譲渡を制限している会社は取締役の選任や解任については、取締役を3名選ぶことのできる株式と取締役を1名しか選ぶことのできない株式というように、取締役の選任や解任について内容を違えた株式を発行できます。なお、株式の内容については、定款に記載しておく必要があります。

　この場合、取締役は、その株式ごとに開かれる株主総会（種類株主総会）で選任・解任されます。すべての株主が一堂に会する通常の株主総会で選任されるわけではありません。

　また、指名委員会等設置会社（改正前の委員会設置会社）が取締役を選任・解任する場合も通常の手続と異なっているので注意が必要です。通常の会社では、株主総会に提出する取締役の選任・解任に関する議案は取締役会が決定するのですが、指名委員会等設置会社の場合は、指名委員会で決めなければなりません。

　監査等委員会設置会社での取締役の選任・解任は、株主総会において、監査等委員である取締役とそれ以外の取締役を区別して行わなければなりません。また、監査等委員である取締役を選任する場合、その人数は3名以上で、そのうちの過半数を社外取締役としなければなりません。一方、監査等委員である取締役を解任する場合は、株主総会の特別決議が必要です。

社外取締役にはどんな人がなれるのでしょうか。どんな会社に社外取締役を設置しなければならないのでしょうか。

当会社と密接な関係にある者が社外取締役になることは認められていません。

　そもそも、取締役会設置会社における取締役は、取締役会により代表取締役の業務執行を監督する役割を担っています。しかし、実務上、取締役は社内から選ばれることが多いため、代表取締役や取締役相互間においてもなれあいが生じ、本来の役割を全うできないことが多いようです。このような場合に社外取締役を選任して、取締役会の監督機能強化を図ります。

　平成26年改正前の会社法の社外取締役の選任要件は「現在や過去において、その会社や子会社の業務執行取締役・執行役・支配人等でないこと」とされていました。この点が改正によって一部が厳格化され、一部が緩和されました。主な改正点は2つで「①社外取締役の要件に会社関係者の近親者（配偶者と2親等内の親族）でない者と、親会社や兄弟会社の関係者でない者が追加されること」「②社外取締役の要件に関する過去の要件が10年に限定されること」となっています。

　①は社外取締役となる者がより限定される要件となり、監督機能が強化されます。これに対して②の要件については、現行の会社法では「過去」に当該株式会社や子会社の業務執行取締役、執行役といった経営に関わっていたものは社外取締役になることができませんでしたが、この「過去」が「就任前10年間」となった

ために要件が緩和されています。緩和された理由は、経営に関わらなくなってから10年経てば、自身が過去に行ったことの影響は残っていないと考えられるためです。

　また、現状の取締役らとの関係性も希薄になっているということもあります。

●社外取締役はどのような会社で設置するのか

　会社法では、社外取締役制度は以下の場合に導入しなければならないとされています。

① 特別取締役を選任する場合

　特別取締役とは、6人以上の取締役が選任されている会社で、一定の重要事項につき意思決定をすることができる取締役をいいます。特別取締役を選任する場合は必ず、3人以上選任します。このような特別取締役を選任する場合は、6人以上の取締役のうち、1人を社外取締役とする必要があります。

② 指名委員会等設置会社の場合

　指名委員会等設置会社（改正前は委員会設置会社）については、各委員会の半数以上は社外取締役でなければなりません。

■ 平成26年改正による社外取締役の要件の変更……………………

	改正前	改正後
20年前に当社に在籍していた者	社外取締役になれない	社外取締役になれる
親会社の業務執行取締役など	規定なし	社外取締役になれない
兄弟会社の業務執行取締役など	規定なし	社外取締役になれない
取締役の配偶者や2親等内の親族	規定なし	社外取締役になれない

一時役員とはどんな場合に選任されるのでしょうか。

取締役選任の手続ができないような事情がある場合に選任されます。

　辞任や死亡によって取締役が欠けた場合には、速やかに後任の取締役を選任しなければなりません。しかし、何らかの事情で取締役選任の手続ができないような事情がある場合には株主や取締役などの利害関係人が裁判所に申し立てることによって、一時的に取締役の職務を行う人（一時取締役）を選任してもらうことができます。

　一時取締役を選任してもらうことができるのは取締役が死亡した場合や株主間で訴訟を抱えているなど、株主総会を開催できないような事情がある場合に限られます。実際には、欠員が出た時期が定時株主総会の6か月以上前であれば臨時株主総会を開いて取締役を選任します。一方、定時株主総会の開催まで3か月以内という時期であれば、そのまま定時株主総会で取締役を選任すればよいので、一時取締役の選任を申し立てることになるのは、その間の時期になります。

　一時取締役は裁判所が選びますので、株主や取締役、従業員の方から希望を出すことはできません。一時取締役にふさわしい知識を備えている必要がありますので、多くの場合は弁護士が選任されます。

Question 30
職務代行者とはどんな場合に選任されるのでしょうか。一時取締役とは異なるのでしょうか。

職務代行者は訴えられた取締役らに代わって職務を執行する制度です。

　取締役（執行役）や代表取締役（代表執行役）の選任の無効など、その地位を否定する訴えを提起した場合でも、裁判が確定するまでは、取締役らはその地位を失うわけではありません。
　しかし、訴えられた取締役がそのまま職務を行うと会社にとって不都合な場合があります。そこで、取締役らの地位を否定する訴えを提起した際に、申立人は訴えられた取締役らが職務を執行しないように裁判所に求めることができ（仮処分命令の申立て）、訴えられた取締役らに代わって職務を執行する者を選任するように求めることができます。このようにして選任された者を職務代行者といいます。

●一時取締役との違い
　一時取締役も職務代行者も、裁判所に取締役の職務を行う人を選任してもらう制度ですが、一時取締役の制度は、取締役が死亡や辞任により欠けた場合の制度です。
　職務代行者は、会社の日常の業務（常務）は自由に行えますが、常務にあたらない行為（たとえば、新株発行や取締役の解任を目的とする臨時株主総会の招集など）をするには、裁判所の許可を得る必要があります。この点は取締役と同じ権限が与えられている一時取締役と異なるところです。

第3章

取締役会・代表取締役をめぐる法律と手続き

取締役会とはどんな機関なのでしょうか。

会社の業務執行を決定し、取締役の職務執行を監督する機関です。

　取締役会は、株式会社の業務執行に関する意思決定をする会議体です。取締役会は、3人以上の取締役によって構成されます。

　取締役の選任など会社経営についての基本的な事項は株主総会で決定しますが、それ以外の業務執行及び重要な業務執行に関することや代表取締役の選任及び解任、取締役の職務執行の監督に関する事項などが取締役会で決められます。

　取締役会で出された結論については、代表取締役だけではなく、個々の取締役も責任を負う場合があります。取締役会決議による行動が会社あるいは第三者に損害を与えた場合、その決議に賛成した取締役、反対の意見を述べなかった取締役は損害賠償責任を負う場合があります。議案に対して意見があるのであれば、取締役会できちんと反対意見を表明して、なおかつ、議事録に異議を記録しておかなければ、賛成したものとみなされ、損害賠償責任を負う場合があります。

　なお、「重要な財産の処分」や「多額の借財」についての決議は取締役が6人以上で、そのうち社外取締役が1人以上いる株式会社においては取締役の一部で構成される特別取締役による取締役会で決める事ができます。

どんな時に取締役会は開催されるのでしょうか。

取締役会の専属的決議事項があるときには必ず開催されます。

　取締役会で決めなければならない事項は法律によって決められています。たとえば、重要な財産の処分、多額の借財、支配人その他の重要な使用人の選任・解任、重要な組織の設置・変更・廃止などです。これらは取締役会を開催して決めなければならない取締役会の専属的決議事項です。代表取締役が選定されている場合であっても、代表取締役１人で決めたり、代表取締役と常務取締役らで構成される常務会などで決定することはできません。取締役会が決定権限をそれらに委任することも許されません。

　取締役会は最低でも３か月に一度は開かなければなりません。しかし、実際の会社経営では迅速な判断が求められることも多いでしょうから３か月に１度では少なすぎます。また、取締役会を全く開催しなかったり、回数が少なかったりすると、「取締役の職務をまっとうしていないのではないか」「会社が機動的な経営をしていないのではないか」と株主らに思われる可能性もあります。したがって、月に一度は開催して業務決定や業務報告をするべきでしょう。多くの会社では月に２回程度は取締役会を開催しているようです。

　取締役会の専属的決議事項で決議を急ぐ必要がある場合は、臨時的に取締役会を開くことも可能です。

特別取締役による取締役会決議とはどんな制度なのでしょうか。

重要財産の処分・譲受や多額の借財について迅速な決定を可能にする制度です。

取締役会を設置する会社の場合、取締役会で業務執行の意思決定を行い、代表取締役が業務を執行します。

ただ、大勢の取締役がいる場合、取締役会を招集するのにも手間がかかり、迅速な意思決定をすることが難しくなります。そこで、迅速な意思決定を行うため、特別取締役による取締役会決議という制度が認められています。

特別取締役を設置できるのは、以下の要件を満たす会社です。
① 指名委員会等設置会社を除く取締役会設置会社であること
② 取締役の人数が6人以上
③ 社外取締役（会社や子会社の業務執行者などではない外部の取締役）を1人以上置いていること

●**特別取締役による決議**

特別取締役を置いた場合、重要財産の処分・譲受や多額の借財について、予め選んだ3人以上の取締役（特別取締役）の議決によって取締役会の決議で決定することができるため、迅速に意思決定をすることが可能になります。

特別取締役の互選によって定められた者は、重要財産の処分・譲受や多額の借財についての決議後、決議内容を特別取締役以外の取締役に報告します。

取締役会を儀式化させないために気をつけることはどんなことなのでしょうか。

全員が発言する機会を作るなど、一定の配慮が必要です。

　取締役会において、予め「根まわし」されていて、すべて決まっているというのでは、参加する取締役もしだいに熱が入らなくなってしまいます。取締役会が儀式化・形骸化してしまうと、会議本来の意味も薄れてしまいます。そこで、実際の会議では議長などの役割が重要になります。

　議論のルールとして、発言がかたよらないように全員が発言する機会を用意する、事前に情報開示するように努める、などの配慮が必要になります。

　また、会議において、報告事項の数が多いと時間がかかりますし、内容が複雑で高度になることもあります。そのため、自分の担当外の事項だと、わからないからよいだろうと報告を怠りがちです。しかし、重要な事項については、取締役会において報告され、会社の経営状況を各取締役が正確に認識できるようにしておくことが必要です。この報告の仕方については、とくに規定はありません。ただ、文書資料だと、企業秘密などがもれるおそれがありますので、極秘資料は報告後に回収することもあります。また、微妙な問題の報告は、口頭説明だけのこともあるでしょうが、それすらしないでいると、「報告義務違反」の問題に発展するおそれがありますから注意が必要です。

取締役会の招集手続きと招集権者について教えて下さい。

各取締役に招集権がありますが、特定の招集権者を定めることもできます。

　取締役会は、各取締役により招集されるのが原則です。ただ、定款または取締役会で、特定の取締役を招集権者として定めた場合には、その招集権者が取締役会を招集することになります。

　特定の取締役を招集権者とした場合であっても、招集権者以外の取締役は、招集権者に取締役会の目的事項を示して、取締役会の招集を請求することができます。招集を請求したにも関わらず、5日以内に、請求日から2週間以内の日を開催日とする取締役会の招集通知がなされない場合には、請求をした取締役が自ら取締役会を招集することができます。

　なお、取締役の違法行為などがある場合は、株主が取締役会の招集を請求することもできます。

　取締役会を招集する場合には、原則として取締役会の1週間前までに、各取締役に（監査役を設置する会社の場合は監査役に対しても）招集の通知をしなければなりません。通知期間は定款で短縮することもできます。もっとも、取締役と監査役全員の同意があれば、この招集手続を省略することができます。

　この他、取締役が法律や定款に反する行為をしていたり、そのおそれがあったりする場合には監査役にも取締役会招集を請求する権限があります。

取締役会の招集通知にはどんなことを記載するのでしょうか。

通知には、日時、場所、議案を記載します。

　招集通知が送付される場合、その通知には、通常の会議招集通知と同様に、開催日時、場所、議題が記載されます。ただ、討議する議題に関しては、取締役会の招集権限のある取締役が招集する場合、取締役会の招集通知にすべての議題を示す必要は原則としてありません。したがって、取締役会の当日にある議題について提案することも可能です。ただ、例外的に招集権限がない取締役が取締役会を招集するケースでは会議の目的を記載しなければなりません。

　各取締役の様々な考えを集め、最善の決断ができるように、取締役会は取締役全員が出席する必要があります。したがって、招集通知はすべての取締役・監査役に出す必要があります。海外駐在の取締役に出すことを忘れないようにしましょう。招集通知が全員に行き届いていない場合、取締役会は原則として無効になります。仮に招集通知が届かなかった取締役が出席していても決議の結果には影響はないと認められる事情があれば、あえて決議を無効にするまでもないため、有効になります。

　なお、毎月一定期日を開催日とする定例取締役会の場合は、取締役は開催日、場所を知っているわけですから、いちいち招集通知を送る必要はありません。

臨時の取締役会を開くときの注意点について教えて下さい。

会社の業務執行において緊急に対応しなければならないような場合です。

　会社経営に大きな影響を与えるような事件があったり、即断が必要な業務がある場合など緊急に取締役会を開催しなければならない場合、臨時に取締役会を開催することができます。
　臨時の取締役会の開催が必要となる代表的な例としては、代表取締役が死亡した場合や取締役の背任行為があった場合などです。

① 代表取締役が死亡した場合
　代表取締役が死亡した場合、会社の業務執行が滞ってしまうのですぐに後任の代表取締役を選任しなければなりません。代表取締役の選任機関は取締役会なので、緊急に取締役会を招集・開催して後任の代表取締役を選任する必要があります。

② 取締役に背任行為があった場合
　取締役には取締役相互間の業務の監督をする義務があります。もし、代表取締役らの背任行為を知っているにも関わらず、何も対処せず、第三者あるいは会社に損害が生じた場合にはそれらの者に対して損害賠償責任を負う可能性があります。
　そのような場合も緊急に取締役会を開催し、違法行為の是正をしたり、代表取締役を解任するなどの対応が必要になります。また、場合によっては背任行為をした取締役を解任することも考えられるので、株主総会の開催も必要になることもあります。

取締役会にはどんな権限があるのでしょうか。

業務執行を決定する権限が最も重要です。

　取締役会は、業務執行の決定、取締役の職務執行の監督、代表取締役の選定・解職をします。業務執行のうち日常的なものは代表取締役に委任して決定させることもできますが、重要財産の処分・譲受、多額の借金、組織の改廃など重要な業務執行の決定を委任することはできません。大会社である取締役会設置会社では、取締役会は「内部統制システム」を構築すべき義務があります。内部統制システムとは、取締役の職務執行が法令・定款に適合することを確保するための体制その他会社業務の適正を確保するために必要な体制のことです。

　取締役会の重要な権限の1つに、業務執行を決定する権限があります。業務執行とは、原料を仕入れることや、製品を製造すること、商品を販売すること、必要な設備を整えること、銀行から資金を借り入れることなど、会社を経営していく上で必要なすべての行為を意味します。この決定は取締役会で行われなければなりません。業務執行は会社の利益に直接影響を与えるものです。代表取締役が一人で決めるよりも、何人かの意見を出し合い、様々な観点や方向性から吟味した上で判断をした方が適正でかつ会社にとっても有益であるため取締役会で話し合う事柄とされています。

ただ、何もかも取締役会の決議を必要としていたのでは経営にスピードが求められるこの時代に対応できない危険性があります。そこで、取締役会で決議しなければならない事項は法律や定款で定めておき、それ以外は代表取締役に決定権を委ねているのが通常です。

　法律で、取締役会で決議しなければならない事項となっているものは、業務執行に関係するものや会社の基本的事項などですが、とくに重要なものとしては下図の専権事項があります。

　また、定款で「取締役会決議による」としている場合も決定権限を代表取締役に一任することはできません。もし、一任したい場合には、株主総会を開き、そこで定款変更の決議をしてもらう必要があります。取締役会の決議が必要とされている事項が取締役会の決議がないまま行われた場合には、その行為は無効になることもあります。無効の場合には、その行為の相手方に対して勝手に業務執行した者に損害賠償責任が発生します。

■ 取締役会の権限等

取締役会の職務
- ①業務執行の決定
- ②取締役の職務執行の監督
- ③代表取締役の選定・解職

取締役会の専権事項 … 代表取締役に委任できない事項
- ①重要財産の処分・譲受
- ②多額の借財
- ③支配人など重要な使用人の選任・解任
- ④支店など重要な組織の設置・変更・廃止
- ⑤社債の募集に関する事項
- ⑥内部統制システムの整備
- ⑦取締役会の決議による取締役の責任免除

取締役会で代表取締役を選ぶ際にはどんな点に注意すればよいのでしょうか。

代表権のない取締役に代表権があるかような肩書を付すのは避けた方がよいでしょう。

　代表取締役の選任は取締役会の決議事項の中でも極めて重要なものといえるでしょう。代表取締役の代表権は、会社の営業についての一切の裁判上、裁判外の行為にまで広く及びます。また、会社の内部で、代表権を一部制限していたとしても、その制限を知らない取引先に対しては、代表権を制限している事を主張できません。

　代表取締役は１人である必要はなく大企業の中には、代表取締役が何人もいるところもあります。また、会社内部では「専務」や「常務」との肩書がある人に、代表権を与えるケースもあるようです。しかし、「専務」や「常務」という肩書がある場合に代表権があるものと信じてしまい法律上問題となる事もあります。

　そこで、代表権がない専務や常務と取引した相手が、その人たちに代表権があると信じてしまっても仕方がない、といえる状況の場合は、専務や常務の行為が本物の代表取締役が行った行為とみなされて、会社に責任が生じる可能性もあります。それぞれの会社の事情もあるので一概には言えませんが、代表権を与えないのであれば、専務や常務などの肩書をつけるのはなるべく避けた方がよいのではないでしょうか。

取締役会は代表取締役をどのようにコントロールするのでしょうか。

業務執行を監視し、意見の相違がある場合、議事録に記載します。

　代表取締役の業務の監督も取締役の重要な役割です。代表取締役は取締役会の決議に基づいて業務を執行しなければならないのですが、必ずしも決議を守るとは限りません。そこで、取締役会には代表取締役が取締役会決議に基づいた業務執行をしているかどうかを監督し、場合によっては是正しなければなりません。代表取締役が取締役会からの是正に応じないようであれば、取締役会の決議によって、代表取締役から代表権を奪うこともできます。

　また、取締役会で違法な行為について決議されそうな場合は、反対意見を述べ、それを議事録に記載しておかなければなりません。取締役会の決議に基づいて代表取締役が違法行為をした場合には、決議に賛成した者は代表取締役と連帯して責任を負わなければなりませんし、決議に反対する意見を述べなかった取締役は、賛成したと推定されてしまいます。つまり、反対意見を述べないことには責任を負わされてしまうのです。反対意見は取締役会議事録に記載されなければなりません。反対意見を述べたにも関わらず議事録に記載されていなかった場合は、賛成したものと推定されますから、結局、責任を負わされることになってしまいます。

　このような決議がなされた場合には、議事録を必ず確認しておきましょう。

取締役会で必要事項を報告しないとどうなるのでしょうか。その他、報告義務についてどんなことに注意すればよいのでしょうか。

報告すべき事項を報告しなかった場合、報告義務違反になります。

代表取締役はもちろん、取締役の全員は自分の担当業務について取締役会で報告しなければなりません。それぞれの報告が集まって会社全体の姿が浮き彫りになり、それに基づいて今後の経営方針が決まっていくのですから、この報告をおろそかにしてはいけません。必要な事項を報告しないことは「報告義務違反」になります。報告の仕方に決まりはありません。資料などで詳しい文書を作り、口頭では大枠や重要ポイントだけを報告するというやり方でもかまいません。機密性の高い事項などは、後で回収するなど「持ち出し禁止」とすることもできます。

なお、監査役が取締役の法律あるいは定款違反の事実をつかんだ場合は、取締役会に出席し、それを報告しなければなりません。

● **自分の領域以外については干渉したくないという場合**

大会社などでは、各分野のエキスパートが取締役になることがあります。たとえば、総務担当取締役、営業担当取締役、技術担当取締役、財務・経理担当取締役、広報担当取締役、法務担当取締役、人事担当取締役、労務担当取締役などです。これには、「それぞれの専門知識を会社経営に活かせる」というメリットがあります。その反面、自分の専門領域以外は他の取締役任せにしてしまいがちになってしまうというデメリットもあります。「自

分の領域には他人に口出しをしてもらいたくない」という取締役もいるでしょうが、取締役は「会社全体について監督する義務」を負う立場にあります。そのため、代表取締役はもちろんのこと、一部の分野しか担当していない平取締役であっても、他の分野は人に任せきりということにならないように注意すべきです。

●代表取締役の報告をチェックさえすればよいのか

　代表取締役の報告をチェックしていたことは免責の１つの事情にはなりますが、必ずしも免責されるとは限りません。問題を未然に防ぐためにも、報告を定期的に受け、報告が信頼するに足りるものであるかを十分に吟味する必要があります。

　取締役が可能な限り監督義務を遂行していれば、不祥事が起きる可能性はかなり低くなるはずです。それでも不祥事が起きた場合、しっかりとした監督システムの下で、予期せぬ事情によって会社に損失が生じたのであれば、取締役には監督義務違反がないものとして、責任を免れることもあります。

●常務会で決めた事項についての平取締役の責任

　常務会は、株式会社の業務執行について、代表取締役、専務取締役、常務取締役などによって構成される機関です。通常、平取締役は常務会に参加しているわけではないですから、常務会の決議に対して平取締役が責任をとらされることはないのが原則です。

　しかし、常務会で決議された事項が執行される前に、その違法性や不当性に気づいたものの、平取締役が見て見ぬふりをし、適切な措置を何もとらなかった場合には、業務執行についての監視義務違反の責任を問われるおそれがあります。平取締役が責任追及を免れるためには、取締役会で反対意見を述べ、それを議事録に残しておくことが必要です。

取締役会決議はどのように行われるのでしょうか。

取締役の過半数が出席した取締役会で、出席した取締役の過半数の賛成があれば決議されます。

　取締役会は、取締役の過半数（定足数）が出席しなければ成立しません。この定足数に満たない場合は決議をしても無効になる可能性がありますから、定足数は取締役会の最初から最後まで維持しなければなりません。

　取締役会の決議は、出席した取締役の過半数の賛成が必要です。

　取締役会では司会進行をつとめる議長がいます。通常は代表取締役が就任しますが、議長も取締役の1人なので議決権があります。法律上は取締役会の議長や進行方法について何も決まりはありませんが、秩序をもった議事運営をするためにも、定款や取締役会規則などで、議長の権限や司会進行の方法について定めておくのがよいでしょう。取締役会を妨害するために反対派の取締役が中座した場合も、残った取締役で決議をすることができます。ただ、その状況をチャンスとして利用したような決議は、不公正であり、無効とされる可能性があります。

●取締役決議に参加できない人もいる

　決議に特別な利害関係がある取締役はその決議に参加することはできません。そのような取締役に、会社の利益になるかならないかという客観的な判断を期待するのは無理だからです。「特別

な利害関係にあるかどうか」の判断はケース・バイ・ケースです。
　たとえば、代表取締役の解任決議は、その代表取締役は特別な利害関係にあるとされる一方、代表取締役の選任決議は、候補となる取締役は特別な利害関係にはないとされます。代表取締役の再任決議の場合も、選任決議と同じように、特別な利害関係にはありません。特別な利害関係にある取締役はその議題の際に退席を要求された場合、その指示に従わなければなりません。必要があれば、取締役会がその取締役に事実関係の確認や説明を受けることはできますが、そのような場合でも決議の際には退席させるべきでしょう。
　なお、特別の利害関係にある取締役は、定足数や過半数を決めるための取締役の数に入れなくてもよいことになっています。

●取締役会の決議を省略することもできる
　定款で定めることにより、取締役会の決議を省略することができます。ある取締役が取締役会の決議事項について提案をし、その提案を全取締役が書面またはインターネットなどの方法で承認した場合（業務監査役を設置した会社で監査役が異議を述べたときは除く）には、取締役会の決議があったものとみなすことができます。決議の省略により、取締役が一堂に会する必要がなくなるので、業務執行の機動性を高めることができます。また、取締役（監査役設置会社の場合は、監査役も含む）の全員に対して取締役会に報告すべき事項を通知したときは、取締役会への報告を省略することができます。
　したがって、このような通知をしている場合には、取締役会の開催も省略することができます。ただ、代表取締役が取締役会に業務執行状況を報告することについては、取締役会の開催を省略できません。

 一部の反対派の取締役が席を外した時に行った決議は有効なのでしょうか。その他、取締役会決議の問題点について教えて下さい。

 場合によっては決議をしても無効になる可能性があります。

　会社にとって取締役会は、重要な意思決定機関です。取締役会決議が公正かつ有効に成立するためには、出席取締役全員が会議の全過程を通じて討議し、議決できる機会を保障されている必要があります。取締役の一部が、取締役会の運営を妨害しようとして席を外した場合に、残った取締役で決議することは許されます。しかし、一部の反対派の取締役が中座した時をねらって決議することは、不公正であるとして、その決議が無効とされる可能性があります。

　たとえば、取締役会における代表取締役の解任に関する決議については、代表取締役は「特別の利害関係を有する取締役」にあたります。代表取締役選任の決議の場合は、特別利害関係人にあたりません。

　この「特別の利害関係を有する取締役」は、取締役会の決議に参加することはできません。個人的利害があると、その取締役は会社のための客観的な判断ができず、会社の利益が害されるおそれがあるからです。どのような場合に、特別の利害関係を有する取締役にあたるかは、ケース・バイ・ケースで判断しなければなりません。

取締役会決議を経ることなく重要な財産の処分などを決めた場合には、その行為の効力はどうなるのでしょうか。

取引の相手方の主観的な要素により効力が異なる事があります。

　会社が重要な財産を処分するには、取締役会の決議が必要ですが、取締役会の決議がなく処分した場合はどうでしょうか。

　これについて、最高裁はケース・バイ・ケースでその有効・無効を判断しています。裁判所が有効・無効の判断する基準は、取締役と取引した相手方が、決議を経たかどうかを知っているか、または注意すれば知ることができたかどうかです。

　具体的には、取締役と取引した相手方が、決議を経ていたと信頼して、取引したのであれば取引を有効とします。反対に、相手方が、決議がないことを知っていたか、または注意すれば知ることができた場合には、その取引を無効とします。

　このように最高裁は、会社の利益と取引の安全という２つの利益を適切に調整した判断をしています。

　会社としての利益を重視した場合、取締役会決議を経ない行為は、無効とすべきです。一方、取締役と取引した相手方は、決議を経たものと信頼して取引をしたにも関わらず、後になって、取引が無効となってしまうと不測の損害を被ることになります。

　そこで、取締役会決議を経ない取締役の行為であっても、相手方が決議があると信頼している場合には、有効と処理することで、取引の相手方の利益にも配慮しています。

Question 15 取締役全員が一堂に会せない場合の取締役会の開催方法や議決方法について教えて下さい。

テレビ会議や電話会議の方法や書面決議の方法があります。

　取締役会は、通常、取締役らが一堂に会して行うのが原則です。しかし、多数の取締役がいる会社では、「一部の取締役が海外や遠隔地にいる」「病気療養中」などの理由で、全取締役が集まって開催するのがむずかしいこともあります。

　そのような場合、テレビ会議方式や電話会議方式により取締役会を開催することができます。しかし、テレビ会議方式も電話会議方式も一同に会さないだけであり、実際は取締役会を開催していることになりますので、会社法所定の取締役会の招集手続を経る必要があります。

　さらに、一定の要件を満たした場合には、実際に取締役会を開催することなく、取締役会の決議を省略することもできます。いわゆる書面決議です。

　取締役が取締役会の決議の目的である事項について、各取締役が同意（監査役が異議を述べた場合を除く）した場合に、その提案を可決する取締役会の決議があったものとみなすことを定款で定めることができます。この場合、各取締役は、書面または電子メールなどの電磁的方法で同意の意思を表示することになります。

代表取締役にはどんな役割があるのでしょうか。

会社の業務について一切の行為をする権限をもち、会社の代表機関としての役割を果たします。

　取締役会を置く会社では、代表取締役を選定しなければなりませんが、取締役会を置かない会社の場合、定款や定款の定めに基づく取締役の互選または株主総会の決議により代表取締役を定めている場合を除き、取締役全員が会社を代表します。なお、指名委員会等設置会社では、代表執行役が置かれるため、代表取締役は置くことができません。

　代表取締役とは、会社の業務執行をすると共に対外的に会社を代表する機関です。かなり抽象的なので、もう少しわかりやすく説明しますと、株主総会で役員の選任・解任や役員報酬など会社の基本的事項を決定し、取締役会で業務執行の意思決定を行います。そして、代表取締役は取締役会の意思決定に従い、具体的に業務を執行します。また、他の会社と契約を締結するような場合も代表取締役が会社を代表します。

　代表取締役を設置しない会社では、取締役が会社の代表権をもちますが、代表取締役を設置する会社では、代表取締役が社内の業務を実際に実行する役割を果たすと同時に、他の会社と取引をする際に会社を代表する権限をもつことになります。

Question 17 代表取締役の選任・退任について教えて下さい。また、任期はどの程度の期間なのでしょうか。

 法律上、代表取締役に任期の定めはありませんが、取締役会の決議によって選任・解職されます。

　代表取締役は、取締役会設置会社では、取締役会の決議によって取締役の中から選ばれます。解職する場合も、取締役会の決議で行うことができます。代表取締役の人数は、1人でも2人以上でもかまいません。多くの会社では、社長や会長の他、専務取締役や常務取締役など、複数の取締役が代表取締役になっているようです。

　代表取締役は取締役の中から選ばれることになっていますから、取締役としての地位を失えば、当然に代表取締役の地位も失うことになります。逆に、代表取締役としての地位を失っても、当然には取締役の地位を失うことはありません。代表取締役が取締役としての地位にとどまりながら、代表取締役だけを辞めることもできます。

　取締役会非設置会社では、各取締役が業務を執行し会社を代表しますから、代表取締役を設置する必要はありません。ただ、定款または定款の定めに基づく取締役の互選、あるいは株主総会の決議によって、取締役の中から代表取締役を定めることもできます。なお、指名委員会等設置会社では、代表執行役が置かれますので、代表取締役は置かれません。

第3章 ● 取締役会・代表取締役をめぐる法律と手続き　85

代表取締役は、いつでも辞任することができます。代表取締役を辞任しても、取締役の資格まで失うわけではありませんから、その後は取締役として職務を行うことになります。代表取締役の任期についても、法律上の決まりはありません。ただ、代表取締役は取締役であることが要求されていますから、定款または決議で任期を定めていないときには、取締役の任期が代表取締役の任期ということになります。また、社外取締役を代表取締役に選任することもできます。ただし、その取締役が代表取締役になることを承諾しない以上は、代表取締役になってもらうことはできません。

　なお、代表取締役が違法行為をしているような場合には、取締役会の決議によって代表取締役を解任することができます。また、代表取締役の違法行為によって会社に著しい（回復することができない）損害が生じるおそれがあるときは、株主または監査役は、その行為の差止めを請求することができます。さらに、株主総会で取締役としての地位を解任することもできます。

■ **取締役会と代表取締役**

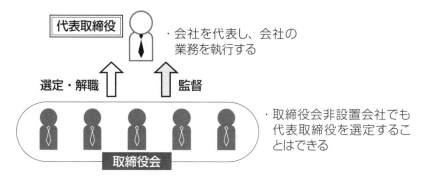

Question 18 名目上又は表見上の代表取締役が取引をした場合、肩書だけの代表取締役は責任を負わなくてよいのでしょうか。

 肩書だけの代表取締役も責任を負う事があります。

　代表取締役の選任が無効であった場合、代表取締役ではない者、が代表取締役として何らかの行為をしたことになります。

　名目上の代表取締役と取引をした人は、その者に代表権があると信じて取引をしたわけですから、取引した人を保護する必要があります。また、代表取締役でなかった取締役も、取引をしたことについて何らかの問題が生じた場合には、責任を負わなければなりません。代表取締役の職務内容は、かなり重要なものですので、肩書きだけで代表取締役に就任することはできません。たとえ肩書上の代表取締役であっても、問題が発生した場合は、代表取締役としての責任を負わされることがあります。

　ところで、代表取締役ではないにも関わらず社長の肩書きをもつ取締役が他の会社と取引をして契約を結んだ場合、法律上どのような扱いを受けるのでしょうか。

　このような場合、社長本人が代表取締役であればそのまま会社を代表していることになりますが、社長が代表取締役でなかった場合でも、契約相手が知らなければ会社に契約上の責任が生じます。代表取締役ではないにも関わらず社長や専務といった肩書きをつけて代表権があるように見える取締役のことを表見代表取締役といいます。

代表取締役はどんな権限をもつのでしょうか。

会社代表、業務執行、委任を受けた事項の意思決定を行います。

　代表取締役が持っている権限は、①対外的な会社の代表権、②会社の業務執行権限、③取締役会から委任を受けた事項についての意思決定権限です。

　①代表取締役は、会社の代表として他の会社との取引を行うことができます。つまり、代表取締役の行った行為が、そのまま会社の行った行為として認められることになります。他の会社と契約を結ぶ場合には、代表取締役が会社の代表として、契約を結ぶことで取引が成立します。

　②代表取締役の行う業務は、多岐多様にわたっています。株主総会・取締役会の招集の他、新株や社債の発行の際に使う申込証を作成する仕事や、財務関係の書類の作成、定款など会社の規定の備置きなども、代表取締役の仕事の一例です。

　③会社の業務執行の決定権限は取締役会にあり、代表取締役が1人で決めることはできないのが原則です。

　ただ、法律で取締役会が決議しなければならないとされているもの以外の事項は代表取締役に委任することができます。たとえば日常的な業務についての決定は代表取締役に任せることができるわけです。そのため、取締役会から任された業務については代表取締役が意思決定することができます。

社内規程で代表取締役の権限を一定の範囲に制限しようとしているのですが、後々の取引で問題が生じるのでしょうか。

内部的な制限については取引相手に主張できない可能性があります。

　代表取締役は、会社の業務を執行し、会社を代表する権限をもつ重要なポストです。代表取締役の職務上の行為は、会社の行為とみなされますので、代表取締役が行った職務上の行為によって第三者に損害を与えた場合には、会社は損害を賠償する責任を負います。

　また、代表取締役のもつ代表権は、会社の業務に関する一切の行為に及ぶものです。

　代表取締役と取引を行おうとする者は、代表取締役にそのような包括的な代表権があることを信頼しています。ですから、代表取締役の代表権が株主総会や取締役会の決議によって内部的に制限されていたとしても、そのことを知らない（善意の）取引の相手方に対しては、代表権の制限を主張することはできません。取引の相手方に不測の損害を被らせるおそれがあるからです。

　もっとも、代表権が法律上、制限されている場合には、代表取締役と取引する相手方はその制限を知りうるので、当然、制限を対抗（主張）できます。つまり、代表取締役が法律上の制限を超えて代表行為を行った場合には、制限を超えている旨を主張して会社側は無効を主張することが可能です。

代表取締役の権限を使用人や弁護士などに委譲することは認められるのでしょうか。

取締役会においての決定が必要な事項以外は、使用人に権限を委譲できます。

　代表取締役は、担当業務の執行で、会社の使用人その他の者を補助者として使用することができ、会社における業務執行についての広範な行為を任せることができます。

　また、代表取締役は、会社で法律上のトラブルや会計面で問題が生じた場合には、弁護士や会計士といった専門家に解決を委ねることができます。ただ、弁護士や会計士などの専門家に解決を委ねた場合でも、法律問題や会計面での問題は、刑事責任に関わることも多いため、最終的には取締役会の承認を得ている場合が多いようです。

　もっとも、代表権は代表取締役が持っているのが原則ですから、他の担当者が代表取締役と同じ権限をもつことはできません。しかし、担当者はそれぞれの担当分野において与えられる権限については、代表取締役が行うことのできる意思決定や業務範囲内では、権限を委譲してもらうことができます。

　なお、各取締役の担当業務についてですが、どんな業務を誰に担当してもらうかについては、取締役会において決めなければなりません。代表取締役が人事権を握ってしまうと、各取締役が代表取締役の顔色を伺うことになり、取締役の代表取締役に対する監督機能が麻痺してしまうおそれがあるからです。

代表権をもつ代表取締役は、他の取締役の意向に関わらず、思い通りに経営することが許されるのでしょうか。

他の取締役と共に決めなければならないとされている事項もあります。

　どんなに会社で権力をもつ代表取締役でも、他の取締役と話し合いをしなければ決められないとされている事項もあります。会社法上、取締役会との話し合い（または取締役会決議）で決めなければならないとされている主な事項は以下のものです。
① 　重要な財産の処分・譲受
　会社の重要な財産を処分あるいは譲受けについては、いずれも代表取締役が勝手に決めることは許されません。
② 　多額の借財
　多額の資金の借入れを行うことは、それだけ借金も増えることになり、場合によっては会社も倒産することにもなります。そこで、取締役会で必ず決めなければならないことになっています。
③ 　支配人その他の重要な使用人の選任・解任
　支配人とは、支店の営業について包括的な権限をもつ、会社の支店長などのことです。
④ 　支店、その他の重要な組織の設置・変更・廃止
　会社の内部組織の大幅な変更は、会社の運命を左右することにもつながります。債権者や取引先、株主の利益にも影響するおそれがありますので、単独では決めることが認められていません。

日常の業務執行に必要な運転資金の借入れについてはその権限を代表取締役に委ねることも認められないのでしょうか。

日常の業務執行に必要な限度の運転資金であれば、その借入れを代表取締役に委ねることができます。

会社を経営していくにはそれなりの資金が必要です。従業員の人件費、製品材料の購入費、販売商品の仕入費用などは、運転資金と呼ばれています。この運転資金を会社が、銀行などから借りるのは、業務執行行為にあたり、代表取締役がその執行にあたります。原則としては、取締役会で借入れの意思決定をし、その決定を受けて代表取締役が会社として借り入れます。借入れについては取締役会に諮らなければなりません。

ただ、いちいちこの手続を踏んでいたのでは、迅速に資金調達できず、資金不足が生じると、黒字倒産も起こしかねません。そのため、内規あるいは黙示的な慣例で、日常の業務執行に必要な運転資金の借入れについてはその権限を代表取締役に委ねている会社がほとんどのようです。

しかし、代表取締役ができるのは日常の業務執行に必要な資金の借入れだけです。新しい事業を始めるための資金など日々の業務と関係がない資金や、会社の財産状況に大きな変化が生じてしまうほどの巨額の資金を調達する際には、原則通り、取締役会による決議が必要とされています。取締役会は代表取締役に多額の借入れをする権限を委ねることはできません。

1人の平取締役が代表権をもたないにも関わらず「社長」と名乗り、取引を行っていたようです。会社として責任を負わなければならないのでしょうか。

表見代表取締役の行為について、会社が責任を負う場合もあります。

　表見代表取締役とは、代表権をもたないにも関わらず代表者であるかのような名称のついている取締役です。このような者のした行為は、代表権がない以上、会社には効果が帰属しないのが原則です。しかし、それでは、この者に代表権があると信じて取引をした第三者は不測の損害を被ることになりかねません。そこで、会社法は表見代表取締役という制度を設け、その者に代表権がなかったとしても、代表権があると信じて（善意で）その者と取引をした第三者に対して会社は責任を負うこととしました。
　会社が責任を負うための要件としては、まず、代表取締役以外の取締役に社長、副社長など、株式会社を代表する権限をもつものと認められる名称がつけられていることが必要です。これがなければ、そもそも第三者が信頼するということがないからです。
　次に、この名称の使用を会社が明示または黙示的に認めていることが必要です。このような事情があるからこそ、会社に責任を認めることができます。したがって、会社が全く知らないところで行為者が勝手に代表者であるかのような名称を名乗っている場合は含まれません。
　さらに、表見代表取締役と取引をした第三者がその者に代表権がないことを知らないこと（善意）が必要です。もっとも、代表

権がないことを知らないことについて重大な不注意（重過失）がある場合には、第三者は保護されません。

　表見代表取締役の制度は、真実は、代表取締役ではないが、会社の代表者らしい外観をもつ取締役を代表者であると信じた第三者を保護するというものです。ですから、先ほどの要件にそのままあたらない場合でも、同じように第三者を保護すべき状況がある場合には、会社が責任を負うこともあります。たとえば、取締役ではなく、会社と雇用関係あるいはそれに準じた関係にある使用人であったとしても表見代表取締役と同様に扱われ、会社が責任を負うことがあります。また、取締役選任決議や代表取締役選定決議が無効であった場合でも、その者が事実上代表取締役として行動していたのであれば、会社が責任を負うことがあります。

■ 表見代表取締役とは

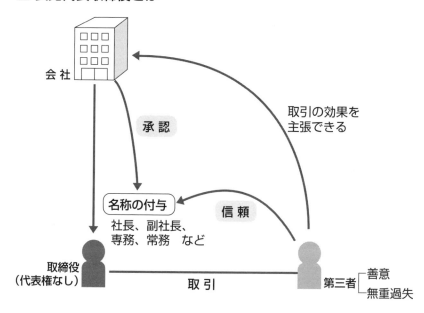

 代表取締役が自分の利益を図るために行った取引や、取締役会の決議を経ずに単独で行った行為についても、会社は責任を負うのでしょうか。

 相手方が権限濫用の事実や決議を欠いているという点を知っているかどうかがポイントです。

　代表取締役が本人自身あるいは第三者の経済的な利益を図る目的で代表権を行使した場合を代表権の濫用といいます。
　代表取締役が自分の利益を図るために代表権を濫用した場合でも、その行為が客観的に見て代表権の範囲内にあれば、原則として有効です。無効であるとすると、取引の相手方に不測の損害を与えるおそれがあるからです。もっとも、取引の相手方が代表権の濫用を知っていた場合（悪意）または知らないことについて不注意（過失）があった場合には、相手方を保護する必要はありませんから、代表行為は無効になります。

●決議に基づかない行為

　代表取締役が代表行為を行う前提として、株主総会や取締役会の決議が必要になる場合があります。それらの決議を欠いた場合の代表取締役の行為の効力をどのように解するべきかについては議論があります。
　一般的には、代表取締役の行為を無効とすることによって保護される会社の利益と、代表行為を有効と信じて行為した第三者の利益とを比較衡量して、ケース・バイ・ケースで判断すべきと考えられています。

代表取締役が寝たきりの重病になった場合や死亡した場合はどんな手続きが必要になるのでしょうか。

定款の取締役についての人員規定をふまえた上で、新しい代表取締役を選定することになります。

　代表取締役が寝たきりの重病になったり、事故に遭って意識が回復しない場合、職務遂行能力を失っていますから、適切に職務を行えません。職務遂行能力を失っている取締役は取締役会にも出席できない状態ですから、それを理由に株主総会で解任してもらうか、任期満了を待って退任してもらうことになるでしょう。

　取締役会設置会社において、代表取締役が病気や事故、自殺などで急死した場合、緊急の臨時取締役会を開催し、新しい代表取締役を選任しなければなりません。ただ、代表取締役が死亡し、残った取締役では取締役の人数が足りなくなる場合がありえます。その場合でも、取締役会設置会社であれば、残った取締役で一応、取締役会を開いて代表取締役を選任します。そして、代表取締役を選任後、臨時の株主総会を開いて必要な取締役を選任します。必要な取締役がそろった後で、再び取締役会を開いて新たな代表取締役を選任し直すことになります（新たな代表取締役には、急遽代表取締役に選任された者が再任することも可能です）。なお、一時的な取締役や代表取締役を裁判所に選任してもらうという方法もありますが、時間がかかる可能性もあり、取締役会や臨時の株主総会の開催で機動的に対応した方がよいかもしれません。

 代表取締役を解任することはできるのでしょうか。オーナー社長が解任されることもあるのでしょうか。

 取締役会決議での解任が可能であり、オーナー社長が解任されることもあります。

　取締役会設置会社の場合、取締役会の決議を経れば、代表取締役（社長）の解任は可能です。しかも、解任決議にあたって正当事由さえ必要とされていないため、特に落ち度がなくても解任は可能です。したがって、社長のワンマン経営を面白くないと感じている反対派が、それを理由に解任動議を提出して取締役会で賛成多数で承認されれば、社長を解任できるということになります。
　さらに、解任の判断が不当だという理由で解任決議の有効性を法的に争うことは認められていません。法的に争いうるのは、解任決議をした方法に手続き違反があったような場合だけです。
　このように代表取締役の解任は、取締役会での決議の頭数を揃えれば可能です。しかし、この方法にはデメリットもあります。
　それは、代表取締役が解任された事実が商業登記簿に記載されてしまうことです。登記簿に解任の旨が記載されていれば、それを見た取引先や金融機関が、会社内に紛争があると疑い、経営状態が不安定な会社と判断するでしょう。そうなると、取引を打ち切られて、その後のビジネスに悪影響が出るおそれがあります。
　その点を考慮すれば、解任という手荒な方法よりも、辞任を促すように説得する穏便な方法を選択するのが妥当でしょう。
　そのためには、辞任を求めるだけのしっかりした根拠を用意し、

代表取締役を説得する必要があります。単なる「私怨」だけでやめてもらうのは無理だということです。少なくとも、適切な代表取締役候補者を用意した上で、その人物の方が「代表取締役にふさわしい」という説得力のある理由を用意しておく必要があります。辞任を求める説得力のある理由を持って、説得したにも関わらず、それに応じない場合には解任を検討せざるを得なくなります。

● オーナー社長が解任される場合とは

オーナー社長は、会社の株式の大半を保有し、株主総会において、自由に取締役に選任・解任するだけの力を持っています。したがって、オーナー社長は、自分に敵対する取締役を株主総会の決議によって追い出し、自分の息のかかった人物を取締役とすることができます。そう考えると、オーナー社長の地位は盤石なものであるようにも思えます。

しかし、オーナー社長であっても、代表取締役（社長）の地位を失ってしまう場合があります。たとえば、大半の取締役がオーナー社長に敵対する場合がそうです。この場合、取締役会において、他の取締役が解任の動議を提出し、それが賛成多数で承認されれば、オーナー社長は、代表取締役（社長）を解任されます。つまり、オーナー社長であっても、取締役会を掌握できなければ、代表取締役（社長）の地位を守れないということです。

加えて、オーナー社長が、オーナーの地位さえ失い、代表取締役（社長）に復帰する可能性を断たれる場合もあります。それは、他の取締役が、会社更生や民事再生の手続きを申し立て、100％減資が実施された場合です。100％減資が実施されると、既存の株主は保有する株式をすべて失い、新たな出資者が新しいオーナーになります。そうなると、元々のオーナー社長が株主総会を掌握することは難しくなるので、代表取締役（社長）への復帰は相当困難になるといえるでしょう。

第4章

監査機関のしくみ

会社の監査機関にはどんな種類があるのでしょうか。監査機関はどんなことができるのでしょうか。

監査役・会計参与・会計監査人・監査委員・監査等委員があり、取締役・執行役の違法行為の報告や差止請求などができます。

　会社における監査機関とは、監査役・会計参与・会計監査人・指名委員会等設置会社の監査委員会・監査等委員会設置会社の監査等委員会のことです。これらの監査機関による経営者に対する是正手段としては、以下のものがあります。
① 　取締役・執行役の違法行為の報告
　監査役は取締役の不正行為や法令・定款違反行為などがあった場合には、すぐに、そのことを取締役（取締役会設置会社では取締役会）に報告しなければなりません。指名委員会等設置会社の監査委員や監査等委員会設置会社の監査等委員の場合には、そのことを取締役会に報告しなければなりません。会計参与の場合は、株主・監査役（監査役会）・指名委員会等設置会社の監査委員会・監査等委員会設置会社の監査等委員会に報告しなければならず、会計監査人の場合は、監査役（監査役会）・指名委員会等設置会社の監査委員会・監査等委員会設置会社の監査等委員会に報告しなければなりません。
② 　株主総会での報告
　監査役は、取締役が株主総会に提出する議案・書類を調査しなければならず、それに法令・定款違反や著しく不当な事項がある

ときは、その調査結果を株主総会に報告しなければなりません。監査等委員会設置会社の監査等委員についても、監査役と同様に、株主総会での報告義務が定められています。会計参与は、取締役と共同で作成した計算書類などについて、取締役と意見が異なる場合、株主総会で意見を述べることができます。

③ 取締役・執行役の違法行為についての差止請求権

取締役が法令・定款違反行為をして、会社に著しい損害を生じさせるおそれがある場合、監査役は、取締役に対してその行為を止めるように請求することができます。指名委員会等設置会社の監査委員・監査等委員会設置会社の監査等委員も同様の場合には、取締役・執行役に対して差止請求することができます。

■ 監査機関による是正手段

	取締役・執行役の違法行為の報告先	株主総会での報告	取締役・執行役の違法行為の差止請求権
監査役	取締役・取締役会	議案や書類などの法令・定款違反や不当事項の報告	取締役の法令・定款違反などの違法行為を止めるように請求できる
監査委員	取締役会	なし	取締役・執行役の法令・定款違反などの違法行為を止めるよう請求できる
監査等委員	取締役会	取締役が株主総会に提出予定の議案・書類などの違法・不当事項についての報告義務	取締役・執行役の法令・定款違反などの違法行為を止めるよう請求できる
会計監査人	監査役・監査役会・監査委員会	計算書類についての意見陳述	なし
会計参与	株主・監査役・監査役会・監査委員会	計算書類についての意見陳述	なし

※監査役会は、会計参与らから報告を受ける機関である。また、株主総会への報告や、取締役の違法行為の差止請求は監査役会ではなく監査役が行う。

監査役とはどんな機関なのでしょうか。人数や任期はどうなっているのでしょうか。

監査役とは、取締役の職務執行を監査する任期4年の専門機関で、その人数は一般に定款で定められます。

　監査役とは、取締役の職務が適正に行われているかどうかの監査と、会計書類の調査を業務とする会社の機関です。取締役会も取締役の業務執行を監督する機関ではありますが、同僚意識から十分なチェックが期待できません。そこで、会社法は監査役という監査専門機関を設け、取締役の職務執行を監査させることにしています（これを「業務監査」といいます）。また、株主総会で取締役により提出される、損益計算書、貸借対照表、会計に関わる事業の報告書などの書類を調査します（これを「会計監査」といいます）。

　監査役は、取締役会設置会社（監査等委員会設置会社と指名委員会等設置会社を除く）においては、原則として必ず置かなければならない機関です。監査役の定数は、一般に定款で定めます。監査役会設置会社の場合は、監査役は3名以上必要とされていますが、それ以外の会社については、定数の定めがなく、1名でもよいとされています。監査役の任期は4年です。そして、監査役に就任してから4年内に終了する事業年度のうち最終のものに関する定時株主総会の終結の時までとされています。非公開会社では、定款で最長10年まで伸長できます。

Question 3

監査役はどのように選任されるのでしょうか。顧問弁護士を監査役としてもよいのでしょうか。

監査役は株主総会の普通決議で選任されます。なお、顧問弁護士の就任も一応可能ですが、なるべく避けた方が無難です。

　監査役の選任は、取締役会が監査役の選任についての議案を株主総会に提案した上で、株主総会で決議するという方法で行われます。

　監査役の選任は、株主総会の普通決議で行います。普通決議は、定款に別段の定めがされていない場合、総株主の議決権の過半数にあたる株式を有する株主が出席し、その議決権の過半数で選任されることになります。定款の定めにより、議決権を行使できる株主の出席数（定足数）要件を軽減できますが、他の役員同様、監査役の選任は、これを3分の1未満にすることはできません。

　監査役にも取締役の欠格事由と同様の欠格事由があります（45ページ）。また、取締役や執行役などの経営者を監査する立場に立つため、監査役は会社やその子会社の取締役や執行役、支配人などを兼ねることはできません（兼職禁止）。もっとも、会計参与や会計監査人のように、公的資格をもつ者でなければならないというわけではありません。

　取締役会を置いた場合、指名委員会等設置会社又は監査等委員会設置会社以外の会社では、原則として監査役を置かなければなりません。ただ、例外として、その会社が非公開会社である場合

は、会計参与を置けば、監査役は置かなくてもよいことになっています。また、会計監査人を置いた場合は、監査役を置かなければなりません。

監査役は取締役と同様、株主総会の決議で選任されます。会社との関係は、取締役の場合と同様に委任契約となります。監査役は会社から委任を受け、監査役としての業務を執行します。このため、監査役は取締役と同じように会社に対して善管注意義務を負うことになります。ただ、取締役と異なり、監査役は会社の業務執行機関ではないので、忠実義務や競業避止義務や利益相反取引についての規制はありません。

一方、監査役を解任する場合には、取締役の解任の場合と異なり株主総会の特別決議（原則として議決権を行使できる株主の議決権の過半数をもつ株主が出席し、出席した株主の議決権の3分の2以上で行う決議）が必要です。

●顧問弁護士を監査役に選任できるのか

多くの会社において、監査役はベテラン従業員や取締役経験者の中から選ばれます。では、顧問弁護士はどうでしょうか。弁護士はあくまでも独立して会社の依頼を受ける点から見れば、顧問弁護士の監査役就任は可能と考えられます。この場合、弁護士の監査役就任について、弁護士会の許可も不要ですが、一方で顧問弁護士は会社の使用人に該当するため、顧問契約を解除しておく方が相当という法務省の見解も見逃せません。また、監査役は取締役を厳しく監督する立場にあり、不正があれば取締役の責任追及をする義務があります。顧問弁護士としては、取締役会の意向を受けて行動するので、取締役会の強い影響下にあります。

このため、監査役の立場と顧問弁護士の立場とは矛盾するおそれがあります。顧問弁護士に監査役に就任してもらうことはなるべく避けるべきだといえるでしょう。

使用人を監査役にしてもよいのでしょうか。子会社の取締役は親会社の監査役にはなれないのでしょうか。

監査役の独立性から、使用人を監査役とすることはもちろん、子会社の取締役を親会社の監査役とすることもできません。

　監査役は、他の会社の役員を兼任することができない場合もあります。会社法では、監査役は自社または子会社の取締役を兼任することが禁止されています（会社法335条）。これは、取締役の職務が適正に行われているのかを監査する役割をもつ以上、自分の職務を自分が監督するという矛盾を防ぐためです。また、監査役は、自社や子会社の支配人やその他の使用人（従業員）を兼任することもできません。したがって、従業員としての身分に基づく保護を受けることはできません。さらに、同じ業種のライバル会社の取締役や監査役などの役員も兼任することはできません。これは、一定の取引分野における競争を実質的に制限する場合にあたり、独占禁止法に抵触するおそれがあるからです。

●使用人を監査役にしてもよいのか
　以上のことから、質問にあるような、使用人と監査役の兼任は不可能ということになります。使用人は会社の経営陣と上下関係にあり、兼任を認めると監査役の地位の独立性を確保できなくなってしまうからです。

●子会社の取締役は親会社の監査役にはなれないのか
　使用人に止まらず、子会社の取締役と親会社の監査役の兼任も

できません。監査役は、取締役の職務執行を監督する立場であるため、取締役の意向を受けることがないように、その地位の独立性が強く要求されています。子会社の取締役は、親会社の監査役の立場と矛盾し、親会社の取締役の意向や影響を受けやすいものだからです。もし、子会社の取締役が親会社の監査役に選任されたときは、子会社の取締役を辞任することを条件として選任されたものと考えます。選任された者が就任を承諾したときに、併せて子会社の取締役を辞任したものとみなされるのです。

すでに監査役となっている者が子会社の取締役に選任されたときも、取締役に選任されたことは監査役の辞任を条件として選任されたものであるため、取締役就任を承諾したときに監査役を辞任したものとみなされます。なお、これまで親会社の取締役は子会社の取締役の影響を受けるおそれがないとして、制限なく子会社の監査役となれましたが、平成26年の会社法改正により、親会社の取締役や執行役をはじめ、監査役、使用人などが子会社の社外監査役となることができなくなりました。

■ **監査役の兼任禁止**

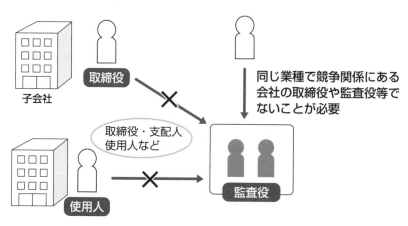

監査役の報酬はどのように決めるのでしょうか。

取締役の報酬とは別に、定款または株主総会の決議で決定されます。

　監査役の報酬は、定款に定めがなければ、株主総会の決議で決定します。そして、監査役は、株主総会で監査役の報酬について意見を述べることができます。監査役が複数いる場合において、個々の監査役の報酬が定款や株主総会の決議で決まっていないときは、その報酬総額の範囲内で監査役の協議によって各報酬額を決めます。監査役に支払う賞与や、退任する監査役に支給する退職慰労金も、会社法上の「報酬」に該当しますので、株主総会の決議が必要となります。

●監査役の報酬と取締役の報酬を一緒にしてはいけない

　監査役の報酬もその総額を株主総会で決議しなければなりません。しかし、それを取締役の報酬と一緒に決議することはできず、それぞれ別に株主総会の決議を得なければなりません。

　監査役は取締役の業務執行を監視・監督する機関ですから、取締役とは一線を画した立場に立たないといけません。もし両者の報酬を一緒にしてしまい、取締役会で監査役の報酬配分も決定できるとしてしまっては、監査役が取締役を客観的に監督できなくなってしまいます。そこで、監査役の報酬はその総額を株主総会で決議してもらい、その上で配分は監査役会などで決定しなければならないとされています。

監査役を辞任するときはどうすればよいのでしょうか。

辞任する監査役は、会社の辞任登記に必要な辞任届を提出します。

　監査役は、会社とは委任の関係にありますので、任期の満了によって退任する他、任期の途中で辞任することもできます。また、監査役本人が死亡した場合や、成年後見開始の審判を受けた場合などにも、退任することになります。任期の途中で辞任した監査役は、辞任した後に最初に招集した株主総会に出席して、辞任した旨の報告や辞任理由を述べることができます。

　監査役の辞任によって、監査役に欠員が生じた場合は、辞任した監査役は、後任が決まるまでの間は、引き続き監査役としての権利義務があります。

　監査役の辞任が任期の途中であった場合は、後任の監査役の任期は、辞任した監査役の残任期間に限ることもできます。

　たとえば、辞任した監査役の残任期間が、4年任期の2年であった場合、後任の監査役の任期は2年とすることもできます。

　また、会社は、株主総会の決議によって、いつでも監査役を解任することができます。監査役の解任は、監査役としての身分を一方的に奪うことになります。そのため、原則として株主総会で、総株主の議決権の過半数を有する株主が出席し、その議決権の3分の2以上の多数で決議することが必要です。正当な事由なく解任される監査役は会社に対して損害賠償を請求できます。

監査役はどんな権限をもつのでしょうか。

業務と会計の監査にあたる機関として業務監査権限と会計監査権限をもっています。

迅速に正確な情報を収集することができるように、監査役には法律上、次のような権限が認められています。

① 取締役会に関する権限・義務（取締役からの業務執行状況報告の聴取）

会社の業務を執行する取締役は、3か月に1回以上、業務の執行の状況を取締役会に報告する必要があります。監査役は、取締役会に出席し、取締役による会社業務の執行状況報告を聴取することになります。また、監査役は、必要があると認めるときは、取締役会へ出席し、意見を述べなければなりません。監査役は取締役会で決定（決議）されたことについて、会社法をはじめとする法令やその会社の定款に違反していないか、取締役が善管注意義務に違反していないかを十分に監査する必要があります。また、取締役に対して取締役会の招集を請求することもできます。

② 業務調査権（事業報告請求権・業務財産状況調査権）

監査役は、取締役や支配人その他の使用人に対し事業の報告を求め、会社の業務・財産の状況を調査することができます。

③ 子会社調査権

親会社の監査役は、その職務を行うため必要があるときは、子会社に対し営業の報告を求めることができます。また、子会社の

第4章 ● 監査機関のしくみ

業務と財産の状況を直接調査することもできます。

④ 株主総会に関する権限・義務

監査役は、取締役会が株主総会に提出する議案・書類に違法または著しく不当な事項がある場合には、株主総会で報告しなければなりません。取締役の職務遂行について不正の行為、重大な違法事実を発見した場合には、監査報告書にそれを記載する必要があります。

⑤ その他

監査役には、取締役の違法行為差止請求権があります。監査役の違法行為差止請求権は、取締役が会社の目的の範囲外の行為その他法律や定款に違反する行為などにより、会社に著しい損害が発生するおそれがある場合に認められます。また、会社と取締役との間の訴訟について、監査役は、会社を代表します。

■ **監査役の権限**

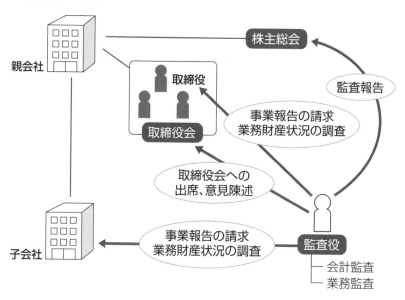

業務監査と会計監査とはどのように違うのでしょうか。

業務が適性に行われているかを監査するのが業務監査、会計書類を監査するのが会計監査です。

　監査役の監査の内容は、取締役が業務を適正に遂行しているかを監督する業務監査と、取締役が株主総会に提出する会計書類を調査する会計監査が基本になります。

　業務監査とは取締役が行った意思決定などが法令や定款に違反せず適正に行われているかを監査することです。具体的には、会社業務についての取締役会での意思決定やその意思決定により行われる業務が適法であるか、などについて監査を行うことになります。会計監査とは、取締役が株主総会に提出する会計書類について調査し、意見を報告する業務をいいます。会計監査で監査する書類は、会計に関する部分の事業報告や貸借対照表や損益計算書などです。会計監査人がいる会社の場合、会計監査についての事項は会計監査人が監査し、その報告をするので、監査役は主として会計監査人の職務を監査することになります。

　ただし、会計監査人や監査役会を設置していない非公開会社については、定款規定を置くことにより、監査役の権限を会計監査だけに限定することができます。平成26年の会社法改正により、この限定規定を置いている会社については、その旨を登記することが義務付けられることになりました。

 業務監査とは具体的にどんなことを行うのでしょうか。

 会社の意思決定内容の適法性や内部統制システムの存否についての監査を行います。

　監査役はどんな業務を監査するのでしょうか。以下のようなものが業務監査の対象になります。
① 　重要書類などの監査
　会社の書類すべてを監査役がチェックすることは不可能です。しかし、会社の規模などをふまえた一定の重要な意思決定については、稟議書などの重要書類を調べて、決定内容や決定理由が適法かどうかを監査する必要があります。
② 　実地調査による情報収集
　監査役は定期的に自社の工場などに出向き、現場の実地調査を行うべきです。実地調査により、取締役の業務遂行の問題点をいち早く発見できることもあります。監査役は、取締役の業務遂行状況を監査するため、こまめに情報を収集する必要があります。
③ 　内部統制システムの構築
　取締役には、違法行為などが行われないように、「内部統制システム」を構築する義務が課される場合もあります。監査役の行う業務監査は、取締役の業務の執行が適正に行われているかを監査するだけでなく、取締役が、他の取締役などの法令や定款違反行為を未然に防止するためのシステム（内部統制システム）を整えているかどうかということも監査すべきです。

Question 10 社外監査役にはどんな人がなれるのでしょうか。どんな会社に社外監査役を設置しなければならないのでしょうか。

その会社や関連会社の役員等を経験したことがない者がなることができます。

　監査役のような取締役の業務執行を監査するような役職は、独立で公平な立場が求められます。そのため、社内からではなく社外から監査役を選任した方がより適切に業務を執行できる場面も考えられます。社外から選ばれた監査役を社外監査役といいます。平成26年に改正された会社法では、次の者が社外取締役になることができると規定しています。

・会社の取締役、使用人または過去10年以内に会社の取締役、使用人、会計参与、執行役でない者
・過去10年以内に子会社の取締役、会計参与、執行役または使用人でない者
・親会社等の取締役、執行役、監査役または使用人でない者
・兄弟会社の業務執行取締役、執行役または使用人でない者
・取締役、執行役、支配人、重要な使用人等の配偶者や二親等内の親族でない者

　監査役会設置会社は、監査役（3名以上）の半数を社外監査役としなければなりません。監査役会の設置義務があるのは監査等委員会設置会社・指名委員会等設置会社以外の公開大会社（公開会社であり大会社でもある会社のこと）であるため、結果的にこれらの会社に社外監査役の設置義務があることになります。

監査役会とはどんな機関なのでしょうか。

大企業に設置される監査の実効性を高めるための機関です。

　監査役会とは監査役によって構成される会議体の監査機関です。主に大規模な会社において、監査役の調査を分担するなどして監査の実効性を高めようとするためのものです。

　指名委員会等設置会社、監査等委員会設置会社を除く公開会社である大会社は、監査役会を置かなければなりません。中小規模の会社の場合、通常は監査役会を設置する必要性はありませんが、中小企業であっても監査役会を設置することはできます。

　監査役会は3人以上の監査役で構成され、半数以上は社外監査役（過去10年間に当会社の取締役になったことがない者など）でなければなりません。たとえば、監査役が6人の場合、3人以上は社外監査役でなければならないということです。

　また、監査役会は、監査役の中から常勤の監査役（フル・タイムで監査の職務に専念する監査役）を選定しなければなりません。

●**監査役会と監査役の常勤**

　常勤監査役とは、原則として、会社の営業時間中、その会社で監査役としての職務を行う監査役のことです。

　監査役会を設置するような規模の大きい会社の場合、監査役の全員が会社に常勤するとは限りません。しかし、適正な監査を行う観点から、監査役会は、監査役の中から少なくとも1人は常勤

の監査役を選定しなければならないとされています。常勤監査役の人数は1名でも複数でもかまいません。

● **監査役会の招集・決議について**

監査役会は、各監査役が招集します。監査役は、監査役会の1週間前までに、各監査役に招集の通知をしなければならないのが原則です。ただ、監査役全員の同意がある場合には、この招集手続を省略して監査役会を開催することができます。

監査役会の決議は、監査役の過半数で決定します。代理人による決議は認められません。監査役は、監査役会の議事録を作り、出席した監査役はこれに署名または記名押印（メールなどの電磁的記録による場合は、署名・記名押印に代わる措置）をしなければなりません。決議に参加した監査役が議事録に異議をとどめない場合、その決議に賛成したものと推定されます。したがって、監査役会の決議に違法・不正があった場合、原則として責任を負うことになります。

■ 監査役会の組織

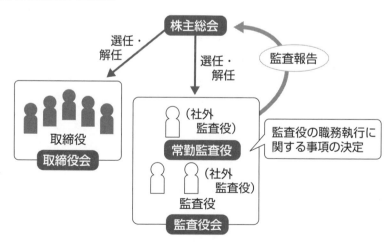

監査役会にはどんな権限があるのでしょうか。

監査報告書の作成、常勤監査役の選定・解職、監査の方針決定などの権限があります。

監査役会の権限として、以下のものがあります。
① 監査報告書を作成する
　監査役会設置会社においては、監査役会は、監査報告書に記載すべき事項などについて監査役の報告を受け、協議の上、監査報告書を作成しなければなりません。
② 常勤の監査役の選定・解職
　監査役会は、株主総会に提出する監査報告を作成し、常勤の監査役の選定・解職の権限をもちます。
③ 監査の方針、監査役会設置会社の業務・財産の状況の調査の方法その他の監査役の職務の執行に関する事項の決定
　監査の方針や会社の財産状況の調査方法など、監査役の職務執行に関する事項を決定します。もっとも、この決定は、監査役の権限行使を妨げることはできません。取締役を監査する役割を果たす監査役には、職務の独立性が確保されていなければ、公正な監査が期待できないからです。
　また、監査役は、監査役会の求めがあるときは、いつでも職務執行の状況を監査役会に報告しなければなりません。

会計参与はどんな機関なのでしょうか。会計参与の任期はどうなっているのでしょうか。

計算書類を作成し、株主総会でその説明を行う機関で、公認会計士などの資格を持った者により構成されます。原則として任期は2年です。

　会計参与とは、取締役や執行役と共同して計算書類などを作成し、株主総会で説明をする職務を担う者です。主に中小企業での計算書類の正確性を確保することを目的としています。

　中小企業では、税理士が会計参与として計算書類などを作成し、監査役としての役割も兼ねることがあります。株式会社の機関設計の類型において、取締役会を設置する場合であるにも関わらず監査役を設置しないパターン、具体的には、非公開会社において「株主総会＋取締役＋取締役会＋会計参与」という機関構成が認められますが、このパターンは、そのような税理士が監査役としての役割も兼ねる会社を想定したものといえるでしょう。

　会計参与は、誰でもなれるわけではありません。公認会計士（監査法人を含む）、税理士（税理士法人を含む）でなければ会計参与になれません。また、会社やその子会社の取締役、執行役、監査役、使用人などとの兼任はできません。会計参与の任期は、取締役の場合と同様です。原則2年ですが、定款の定めによって短縮することもできます。非公開会社では定款で最長10年まで伸長でき、指名委員会等設置会社では1年となります。

Question 14 会計参与の報酬はどのように決めるのでしょうか。また権限・責任はどうなっているのでしょうか。

 定款に定めがなければ株主総会が決定します。

　会計参与の報酬は、定款に定めがなければ、株主総会の普通決議で決定します。会計参与は、株主総会で会計参与の報酬について意見を述べることができます。会計参与が複数いる場合、個々の会計参与の報酬は、定款や株主総会の決議で決まっていなければ、その報酬総額の範囲内で会計参与の協議により決めます。ただ、指名委員会等設置会社では、報酬委員会が決定します。

　計算書類の作成を行う会計参与は、いつでも会計帳簿を閲覧・謄写することができます。取締役や執行役、さらに子会社に対して、会社・子会社の業務と財産の状況を調査したり、会計についての報告を求めることができます。取締役と意見が異なるときには、株主総会で意見を述べることができます。

　取締役会が設置されている会社の場合には、会計参与は、計算書類などの承認を行う取締役会に出席しなければならず、必要があれば意見を述べなければなりません。

　会計参与は、職務を行う際に善管注意義務を負い、違反すると会社に与えた損害を賠償する責任を負います。会計参与は取締役の違法・不正な行為を株主に報告する義務を負います。この義務は、監査役（会）設置会社の場合は監査役（会）、指名委員会等設置会社の場合は監査委員会に対して負います。

会計監査人とはどんな機関なのでしょうか。

主に大会社の会計に関する監査権限を持つ、会計の専門機関です。

　会計監査人とは、適正な計算の実現を図るため、主に大会社の会計に関する権限を持つ会計の専門家で、監査役の他に設置されます。計算書類やその附属明細書などを、慎重かつ確実に監査した上で、会計監査報告書を作成します。会社から独立して会社の会計・内容をチェックする機関ですから、計算書類などを作成する会計参与とは役割が違います。会計監査人も取締役や監査役と同様、株主総会の決議（普通決議）によって選任・解任されます。

　なお、平成26年の会社法改正により、株主総会に提出する会計監査人の選任・解任に関する議案の内容は、会計監査人の独立性を確保する観点から、監査役（監査役会設置会社の場合は監査役会、監査等委員会設置会社の場合は監査等委員会、指名委員会等設置会社の場合は監査委員会）が決定することになりました。

　会計監査人は、公認会計士または監査法人でなければなりません。公認会計士法の規定により、株式会社の監査をすることができない者は、会計監査人になれません。監査法人が会計監査人に選任された場合、監査法人は社員の中から会計監査人の職務を行う者を選定し、会社に通知しなければなりません。また、会社やその子会社の取締役、執行役などとの兼任はできません。

会計監査人の任期や報酬はどのように決めるのでしょうか。またどんな権限・義務があるのでしょうか。

任期、報酬の決定には監査役の同意が必要で、会計監査、外部監査を行います。

　会計監査人の任期は1年で、定時株主総会で別段の決議がなされない限り、原則として再任されます。改正により株主総会に提出する会計監査人の不再任に関する議案の内容も、選任・解任の場合と同様、監査役（監査役会）・監査等委員会・監査委員会が決定することになりました。会計監査人の報酬は取締役会が決定しますが、この報酬を決定するには取締役は、監査役（監査役会）・監査等委員会・監査委員会の同意を得る必要があります。

　会計監査人は、会社の計算書類などを監査し、会計監査報告を作成します。会計監査人は、いつでも会計帳簿を閲覧・謄写することができ、取締役（執行役）・会計参与・支配人その他の使用人に対して会計についての報告を求めることができます。必要があれば子会社にも会計についての報告を求めることができ、業務と財産の状況を調査することができます。定時株主総会で出席を求められた場合、会計監査人は出席義務があります。株主総会に提出する計算書類などが法令や定款に適合しているかどうかについて、監査役と意見が異なる場合、株主総会で意見を述べることができます。また、取締役の違法・不正な行為を監査役に報告する義務を負います。

第5章

指名委員会等設置会社・
監査等委員会設置会社
のしくみ

 指名委員会等設置会社とはどんな会社なのでしょうか。

 指名委員会、監査委員会、報酬委員会の3つの委員会と執行役が置かれる会社です。

　指名委員会等設置会社とは、指名委員会、監査委員会、報酬委員会の3つの委員会を置く株式会社をいいます。3つの委員会を「指名委員会等」ということもあります。

　平成26年の会社法改正によって、従来「委員会設置会社」と呼ばれていた会社が、「指名委員会等設置会社」と呼ばれることになりました。これは、改正前は、会社法上の委員会とは、指名委員会・報酬委員会・監査委員会のみを指していたのですが、法改正によって、新たに監査等委員会設置会社という形態が導入されたため、これまで委員会設置会社と呼ばれていたものを、「指名委員会等設置会社」と改称しました。

●**指名委員会等設置会社の機関**

　指名委員会等設置会社の機関の特徴は、明確に役割分担がなされているという点にあります。つまり、監査・監督、業務執行、会社の代表といった役割が明確にされています。

　取締役会が、三委員会の委員の選定・解職と執行役の選任・解任を行い、会社の業務執行は執行役が担当し、会社の代表は代表執行役が担当します。3つの委員会がこれらの業務執行の監査・監督の中心となります。

　各委員会は3人以上の委員で構成され、各委員の過半数は社外

取締役でなければなりません。同じ取締役が、複数の委員会の委員を兼ねることもできます。監査委員会の委員（監査委員）は、会社や子会社の執行役、業務執行取締役などを兼ねることができません。

執行役は、1人または2人以上置かれます。執行役は、取締役を兼ねることもできます。任期は原則1年ですが、定款で任期を短縮することもできます。取締役会は、執行役の中から代表執行役を選定します。代表執行役は、会社の業務に関する一切の行為をする権限をもちます。

なお、代表取締役に表見代表取締役（93ページ）があるように、代表執行役にも表見代表執行役という制度があります。代表権があるかのような名称をつけた執行役の行為について、その名称の使用を認めていた会社は責任を負うことになります。

■ 指名委員会等設置会社の組織

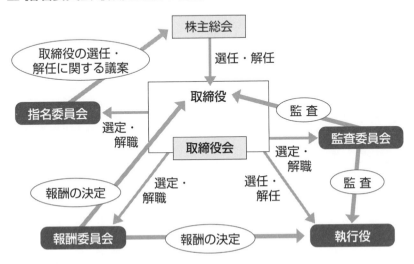

Question 2 指名委員会等設置会社では取締役の選任方法や任期に違いはあるのでしょうか。取締役会の権限はどうなっているのでしょうか。

 取締役の任期は1年です。また、取締役会の権限も一定の事項に限定されます。

指名委員会等設置会社の取締役の選任や解任については、通常の会社と同じように、株主総会の決議によってなされます。

しかし、株主総会の議案の決定は、取締役会が決定するのではなく、指名委員会が決定することになります。指名委員会等設置会社の取締役の任期は1年になります。

また、指名委員会等設置会社では、社外取締役の設置が義務付けられており、業務執行の監督を強化・充実させています。

●取締役会の権限

取締役会の権限も、基本事項の決定の他、委員会の委員と執行役の選定・監督に限られます。指名委員会等設置会社の取締役会が決定できる基本事項は、以下の通りです。

・経営の基本方針
・監査委員会の職務の執行に必要な事項
・執行役が2人以上いる場合の職務分担など執行役相互の関係
・執行役による取締役会の招集の請求を受ける取締役
・執行役の職務の執行に関する内部統制システムの整備

なお、取締役会は、委員会が委員の中から選定した者が常に招集できます。また、執行役は取締役に対して取締役会の招集を請求でき、一定の場合には自ら招集することもできます。

 指名委員会、監査委員会、報酬委員会はどんな権限をもつのでしょうか。

 社外取締役が中心となる各委員会は、役員の選任決議案や、経営の監査、報酬等について、強い監督権限を持ちます。

　各委員会は、3人以上の委員で構成され、取締役の中から取締役会の決議によって選任されます。委員の過半数は社外取締役でなければなりません。同じ取締役が複数の委員会の委員を兼ねることもできます。各委員会は、以下のような権限をもちます。

① 指名委員会

　指名委員会では、経営者が自分に都合のよい取締役等のみを選任することを防ぐために、株主総会に提出する取締役・会計参与の選任・解任に関する議案の内容を決定します。

② 監査委員会

　監査委員会は、執行役や取締役の職務執行が適法か、または、経営上の効率性があるかどうかを監査し、監査報告を作成する委員会です。また、株主総会に提出する会計監査人の選任・解任や再任拒否に関する議案の内容を決定する権限をもちます。

③ 報酬委員会

　報酬委員会は、執行役や取締役などの報酬がどのように決定されるのかを透明化して、それが会社の業績とどの程度関連しているのかを明らかにするために、個人別の報酬などの内容を決定する権限をもつ委員会です。

 指名委員会等設置会社の取締役の報酬も株主総会で決めるのでしょうか。

 指名委員会等設置会社では、取締役の報酬については報酬委員会が決定します。

　指名委員会等設置会社の取締役や執行役の報酬は報酬委員会で決められます。報酬委員会は、過半数を社外取締役で構成しなければなりません。報酬委員会は、不確定金額の業績連動型の報酬や金銭以外の報酬の導入など報酬一般について決定する権限をもっています。

　指名委員会等設置会社は、業務執行の決定権限を取締役会が執行役に委譲することで、取締役会は執行役の監視に専念するという業務執行と監督を明確に分けることを特徴としています。しかし、会社の中には取締役を兼任する執行役を置く場合もあり、取締役や執行役の報酬を取締役会でその配分を決めるとしたのでは、結局、執行役が取締役の報酬を決めることになりかねません。取締役と執行役の間に仲間意識が芽生えてしまい、取締役に執行役の監督機能を期待することができなくなります。このような弊害をなくすためにその両者とは関係のない報酬委員会を設け、そこで報酬を決めることにしているわけです。

　なお、監査等委員会設置会社では、報酬委員会は置かれていません。しかし、経営者の監査・監督という目的のために、取締役等の報酬について、意見を決定し陳述する権限が認められています。

執行役はどんな役割を果たすのでしょうか。

指名委員会等設置会社の業務執行の決定と業務執行を行う機関です。

　執行役は、取締役会による委託によって、これまで取締役会が決定していた会社の業務執行の中の一部についての決定と執行をします。一方で、取締役会は会社の経営方針など基本的な事柄について意思決定すると共に執行役を監督します。執行役は取締役会により選任・解任されます。

　執行役の任期は就任後1年以内に行われる最終事業年度に関する定時株主総会の終了後、最初に開催される取締役会の終結の時までです。通常の株式会社の場合、取締役の任期は原則として2年ですが、指名委員会等設置会社の場合は、業務執行に対する監督を重視することとしたため、毎年、株主総会あるいは取締役会の信任を要するとしています。

　代表執行役は、指名委員会等設置会社を代表する権限をもっています。通常の会社の代表取締役と同じように、会社の業務に関する一切の行為について、包括的な代表権をもちます。執行役が1人の場合は、その執行役が当然に代表執行役となり、会社を代表することになります。執行役が複数いる場合には、取締役会の決議によって、代表執行役を選定します。指名委員会等設置会社では、代表執行役が会社を代表することになりますので、代表取締役は設置されません。

執行役を任期満了前に解任することはできるのでしょうか。また、執行役の報酬はどのように決まるのでしょうか。

取締役会決議で解任できます。報酬は定款または株主総会決議で決定します。

　執行役の任期は就任後1年以内に行われる最終事業年度に関する定時株主総会の終了後、最初に開催される取締役会の終結の時までです。また、指名委員会等設置会社の取締役の任期も1年とされています。

　通常の株式会社の場合、取締役の任期は原則として2年ですが、指名委員会等設置会社の場合は、業務執行に対する監督を重視することとしたため、毎年、株主総会あるいは取締役会の信任を要するとしているのです。なお、定款で、執行役の任期をさらに短くすることもできます。執行役の任期が満了する前であっても、取締役会の決議によって、いつでも執行役を解任することができます。ただ、解任について正当な理由がない場合には、会社に対して、解任によって生じた損害の賠償を請求することができます。

　報酬については、通常の株式会社の場合、取締役の報酬は定款または株主総会の決議によって決定します。指名委員会等設置会社の場合、執行役や取締役の報酬は、報酬委員会が決定します。執行役は取締役を兼ねることができ、執行役の報酬を取締役会の決定に委ねてしまうと、執行役兼取締役が、自分に都合のよい金額を決定する危険があるため、社外取締役が過半数を占める委員会に決定を委ねました。

執行役はどんな義務・責任を負うのでしょうか。

会社に著しい損害を及ぼす事項を発見した場合の報告義務などを負います。

　執行役は、取締役会が執行役の監督を十分に行えるように、少なくとも3か月に1回、取締役会に自分の職務執行の状況を報告しなければなりません。また、執行役は、取締役会の要求があれば、取締役会に出席し、取締役会の求めた事項について説明をしなければなりませんし、同様に、委員会の要求があった場合には、その委員会に出席し、求められた事項について説明をしなければなりません。さらに、執行役は、指名委員会等設置会社に著しい損害を及ぼすおそれのある事実を発見した場合には、すぐに監査委員にその事実を報告しなければなりません。

● **執行役の会社に対する義務・責任**
　執行役と会社との関係は、取締役と同様、委任関係となります。執行役は、会社に対して善管注意義務や忠実義務を負います。また、競業取引、利益相反取引についても規制を受け、それらの行為をする場合には、取締役会の承認を必要とします。
　執行役も大きな権限をもちますから、会社の利益が害されないように法的に規制する必要があるわけです。
　執行役は会社に対して善管注意義務、忠実義務を負っているため、執行役が任務懈怠によって会社に損害を与えた場合には、その損害を賠償する責任を負います。執行役が会社の承認を受けず

に、利益相反取引を行い、会社に損害が生じた場合には、自分に過失（不注意）がなかったという証明をしない限り、会社に対して損害賠償責任を負います。

競業取引の規制に違反した場合も、その執行役は会社に対して損害賠償責任を負います。また、利益供与に関わった執行役は連帯して、供与した利益に相当する金額を会社に支払わなければなりません。

●執行役の第三者に対する責任

執行役に任務懈怠について悪意（知りながら）または重過失（重大な不注意）があり、それによって第三者が損害を受けた場合には、当該執行役は、その損害を賠償する責任を負います。

第三者に対する加害行為そのものについて故意や過失がなかったとしても、任務を怠ったことについて悪意（知りながら）または重過失（重大な不注意）があれば、執行役の責任が認められます。第三者を強く保護する必要がありますから、執行役は、直接損害だけでなく間接損害についても責任を負うことになります。

■ 執行役の職務と責任

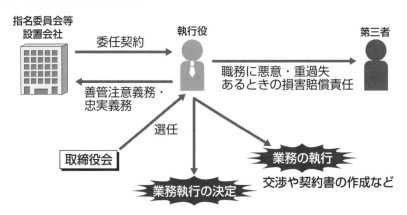

Question 8

代表執行役の代表権を制限することは可能でしょうか。また、代表権をもっていない執行役が代表権があるように装って行った行為はどうなるのでしょうか。

代表権の制限は可能ですが、善意の第三者には制限を主張できません。

　会社によっては、内規などで代表執行役の権限を制限することもあります。しかし、代表執行役には、包括的な代表権が認められています。代表執行役の代表権が制限されていることを知らないで（善意で）取引を行った第三者からすれば、後になって「代表執行役の代表権が制限されていたので契約は無効である」などと言われては、思いもよらない損害を受けることになるでしょう。

　そこで、会社が代表執行役の代表権に制限を加えていたとしても、そのことを知らない第三者に対しては、代表権の制限を主張することはできないとされています。

　ところで、代表権をもっていない執行役の行為の責任はどうなるのでしょうか。通常の会社で表見代表取締役の制度が認められているのと同じように、指名委員会等設置会社においても、表見代表執行役の制度が認められます。

　代表執行役以外の執行役に、代表権があるかのような名称（社長、副社長など）がつけられていた場合、その執行役が行った会社を代表する行為について、代表権がないことを知らないで取引を行った善意の第三者に対しては、代表権がないことを理由に無効主張ができず、会社が責任を負う場合があります。

 監査等委員会設置会社とはどんな会社なのでしょうか。

 「監査等委員会」という委員会を１つ設置する形態の会社です。

　株式を上場していて、かつ大会社にあたる大企業については、会社法上これまで会社に監査役会を設置するか、または委員会設置会社とすることが義務付けられていました。ただ、この両者は十分に機能していないという批判がありました。監査役会については、３名以上の監査役のうち社外監査役が半数以上でなければならないと定められており、さらに社外取締役まで選任するということになると、企業にとって社外の者を二重で選任しなければならず負担感が大きいことが指摘されてきました。また、委員会設置会社についても、指名委員会や報酬委員会が人事や報酬に対する決定権を持つことから、経営者が進んでこれらの委員会を置くことにあまり前向きではなかったという問題もあったようです。

　そこで、平成26年の改正によって、監査等委員会設置会社という制度が導入されました。ここで置かれる委員会は、従来の委員会とは異なり、原則として人事や報酬について口を出すことはありません。他方で、経営者の選任・解任について株主総会で意見を陳述することができるなど、監査の結果として経営者の責任を追及することが可能になるようなしくみになっています。また、監査役（会）とは異なり、監査等委員はあくまでも取締役の地位をもっています。そのため、業務の手順を合理化して、不祥事を

発見・是正するための社内制度の組み立てをめざす内部統制システムの一環として、社外取締役が経営を主に行う取締役を監査・監督することが可能になります。このように、社内の自浄作用によって、企業の不祥事を防ぐことが期待されています。

●**導入には定款変更なども必要になる**

　監査等委員会設置会社は、従監査役会設置会社や委員会設置会社（指名委員会等設置会社）とは異なる制度として導入されたもので、定款で定めることにより監査等委員会設置会社となることができます。したがって、監査等委員会設置会社に移行しようと考える場合には、定款の変更手続きが必要です。監査等委員会設置会社には、機能的に重複する監査役（会）を置くことはできません。また、定款の変更の効力が生じた時点で、それまで取締役であった者などは、全員任期満了となるため、改めて取締役などを選任し直す必要があることにも留意する必要があります。

■ **監査等委員会設置会社創設の事情**

● **監査役会設置会社**
　３名の監査役のうち半数以上は社外監査役⇒さらに社外取締役を選任するとなると、会社の負担が大きすぎる

● **従来の委員会設置会社**
　指名委員会・報酬委員会・監査委員会の設置が義務付けられる ⇒ 人事や報酬の決定権は委員会がもつことになる

そこで… 監査等委員会設置会社の導入

監査等委員会は、人事や報酬に関して決定権を持たない
監査等委員は社外取締役として、議決権を行使して、経営者の責任を追及することができる。

　　社外取締役による監督機能の強化 ＋ 企業の不祥事の防止

Question 10 監査等委員はどのように選任・解任するのでしょうか。

 株主総会の決議で行いますが、監査等委員の特殊性から、通常の取締役の選任・解任とは異なる様々な規定があります。

　監査等委員は取締役でなければならないため、その選任は、株主総会で行います。ただし、この選任は、監査等委員以外の取締役と区別して行う必要があり、また、監査等委員である取締役は3名以上かつ過半数を社外取締役としなければなりません。なお、監査等委員会は、取締役に対して監査等委員である取締役の選任を株主総会の議題とすることや、選任すべきと思われる取締役の議案を提出することができます（選任議案の提出権）。また、監査等委員以外の取締役が、監査等委員である取締役の選任議案を株主総会に提出するときは、監査等委員会の同意を得なければなりません（選任議案の同意権）。

　一方、監査等委員である取締役を解任する場合には、株主総会の特別決議により行います。この場合、監査等委員は、解任に関して株主総会で意見を述べることができます（解任・辞任についての意見陳述権）。通常の取締役の解任は、株主総会の普通決議によって行います。

　監査等委員は、経営者の監査を行うという特殊性から地位の独立性を確保する必要があります。そのため、通常の取締役とは異なる規定が設けられています。

監査等委員会はどんな権限をもつのでしょうか。また、どんな義務を負うのでしょうか。

経営者の職務を監査・監督する権限をもち、株主総会や取締役会に対して、各種の報告義務を負います。

　監査等委員会は、取締役3名以上からなる監査等委員により構成されています。そして、そのうちの過半数が社外取締役でなければなりません。これは、監査等委員会が置かれた主たる目的が、経営のトップの指揮命令を受ける立場にない社外取締役による監査・監督を、適正に行うことにあるためです。

　監査等委員会の権限・義務は、①主に経営を担当する取締役などの職務執行を監査する権限と、②企業の人事や報酬に関する権限に分けることができます。

　このうち②の権限とは、監査等委員以外の取締役の選任や、監査等委員以外の取締役の報酬についての意見を決定し、陳述する権利を指します。これに対して、職務執行を監査する権限は、監査等委員会の主要な権限であるといえます。この監査権限については、指名委員会等設置会社における監査委員会と同様の監査権限と、監査等委員会にのみに認められる権限に分類されます。

● 監査等委員会の具体的な権限内容

　指名委員会等設置会社の監査委員会と同様、監査等委員会は、取締役や会計参与の職務の執行を監査すると共に、監査報告を作成する権限をもちます。また、取締役や会計参与などに対して、

職務の執行に関する報告を求め、業務や財産状況を調査できます。そして、取締役らの業務執行に法令違反などがあると認められるときには、取締役会に報告しなければならず、取締役などの法令違反により、会社に著しい損害が生じるおそれがある場合には、その取締役らの法令違反行為などを止めるように請求できます。

これに対して、監査等委員会にのみ認められる権限として、主に、議案・書類などに関する株主総会への報告義務と、利益相反取引に関する特例を挙げることができます。議案・書類などに関する株主総会への報告義務とは、取締役が株主総会に提出しようとする議案や書類などが法令や定款に違反している場合などに、そのことを株主総会に報告する義務を指します。

利益相反取引に関する特例とは、取締役が会社と利益相反取引などを行う場合に、事前に監査等委員会の承認を得ていれば、その取引によって会社に損害が生じた場合に、その取締役が任務を怠ったと推定される規定の適用を免れることができることを指しています。

■ **監査等委員会設置会社の権限・義務**

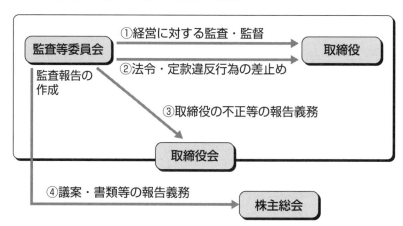

監査等委員会設置会社では取締役会はどんな役割を果たすのでしょうか。

経営の基本方針や、監査等委員会の職務に必要な事項を決定する他、特に重要な業務執行の決定を行います。

　監査等委員会設置会社の取締役会についても、主として業務執行の決定を行う機関であるという点では、他の機関設計をとる場合の取締役会と異なるところはありません。したがって、取締役の業務執行を監督する権限や、代表取締役の選定・解職を行う権限を持っています。もっとも、取締役である監査等委員は、取締役会の一員として、議決権を行使することを通じて経営者の監督を行い、内部統制システムを通して監査・監督を行うという性質上、取締役会は、特に監督機能が充実するような体制を作る役割が期待されています。経営の基本方針の決定、監査等委員会の職務のために必要な事項、内部統制システムの決定については、必ず取締役会が決定しなければならない事項であるとされています。

　また、重要な業務執行の決定についても、原則として取締役会が決定しなければならず、取締役に委任することができません。しかし、取締役の過半数が社外取締役である場合や、株主の判断で定款により定めた場合には、監査等委員会が置かれた趣旨である社外取締役による監査の目が行き届くものと考えられるため、重要な事項の決定の多くについて取締役に委任することが許される場合もあります。

Column

平成26年会社法改正のポイント

　近年、大きな社会問題となっている粉飾決算や経営トップの不正などガバナンス不全による不祥事の影響もあり、企業統治のあり方や親子会社に関する規律を中心とする会社法制の見直しの検討が行われ、平成26年6月に会社法で比較的大きな法改正が行われました。施行のスケジュールとしては、公布日（平成26年6月27日）から起算して1年6か月を超えない時期に施行されます。現在のところ、平成27年4月または5月に施行されると想定されています。

　今回の会社法改正の主なポイントを見ていくと、まず、企業統治のあり方に関するものは、次の通りです。

・監査等委員会設置会社制度の創設

　第5章で述べた通り、監査等委員会設置会社という新たな機関が導入されました。

・社外取締役及び社外監査役の要件の見直し

　親会社やその子会社等の取締役やその他関係者、また親会社の取締役等の近親者は、社外取締役等の要件を満たさない、とされました。

　また、親子会社等の規律に関しては、次の点が挙げられます。

・多重代表訴訟制度の創設

　親会社の株主が子会社の役員等に対して代表訴訟を提起することを認めるものです。

・特別支配株主の株式等売却請求制度の創設

　特別支配株主は、その株式会社の株主全員に対して、株式の売渡しを請求することができる、とされました。

第6章

役員の義務・責任と損害賠償

取締役の負う善管注意義務と忠実義務はどんな義務なのでしょうか。

会社との信認関係に基づいてもっぱら会社の利益のために行動する義務です。

　取締役は株主総会で選ばれ、会社のオーナーである株主が、業務の執行を取締役に任せているという形になります。このような契約を委任契約といいます。委任契約は、ある人がある人に対して依頼し（委任）、依頼された人がこれを承諾すること（受任）で成立する契約です。会社が取締役になることを依頼し、それを承諾したので、取締役には委任の趣旨である会社経営のために全力を尽くさなければならない義務が課せられます。法律上、これを善管注意義務と呼んでいます。取締役はその仕事をしていく上で当然要求される程度の注意をしつつ、会社経営をしていかなければなりません。取引先の財務状況を調べもせずに融資をしたりすることはこの善管注意義務違反にあたります。

　また、会社法355条には、「取締役は、法令及び定款並びに株主総会の決議を遵守し、株式会社のため忠実にその職務を行わなければならない」と定められています。取締役は会社への忠誠心をもって活動しなければならないということで、これを忠実義務と呼んでいます。取締役は会社の利益を最優先に考えた行動をしなければなりません。たとえば、名目上は「会社のため」といいつつも、実は私腹をこやす目的で行動したのであれば、それは「忠実義務違反」となります。

破たんしそうな子会社に対して融資を継続する場合に、取締役としてどんな責任が生じるのでしょうか。

安易に融資を継続すれば、会社に対する忠実義務違反となる場合があります。

　破たんに瀕した子会社に対しての融資継続が、親会社に大きな被害をもたらす可能性もあります。取締役の仕事は、自分の会社の利益の追求ですから、そのために忠実に職務を執行しなければなりません。代表取締役の指示だからといって、安易に融資を継続し、自分の会社に損害を出してしまった場合には、忠実義務違反、善管注意義務違反の問題が生じます。

　取締役としては、判断をする際に、情報収集、検討を行い、合理的な判断を行うという、判断の過程と判断の内容に合理性が求められます。双方に合理性があれば忠実義務違反にはなりません。

　具体的には、貸付先に倒産が差し迫っていることを十分知り得る立場にありながら、特段の債権保全措置をとらずに、「代表取締役の意向だから」と多額の貸付を了承した取締役の行為は違法とした裁判例があります。一方で、破たんの危機にある子会社に対し、親会社の取締役が融資を続けたものの、子会社が再建できず、その結果、融資分が回収できなくなった場合だとしても、取締役の行為が親会社の利益をはかるためのもので、かつ融資の継続か打切りかの決断にあたり、企業人として合理的な選択をしていたのであれば、その取締役の行為は親会社に対する忠実義務違反にはならないとした裁判例もあります。

 **取締役として会社に資金を貸し付けているのですが、返済を求めるにあたって注意すべきことはありますか。**

 自分の利益よりも、会社の利益を優先させて対応する必要があります。

　取締役は会社に対して、忠実義務を負います。これは、「自己と会社の利益が相反する場合に、会社の利益を優先させるべき義務」です。もし、業務遂行上、取締役と会社の利益が衝突した場合、会社の利益を優先させなければならないのです。

　だとすると、取締役が会社にお金を貸している場合、その返済については、会社の利益を害さないようにしなければならないことになります。

　利息つきの貸付であれば、予め取締役会で承認を得ているはずですので、返済についても、当初の契約条項に従うのが原則です。しかし、契約後の状況変化により、会社の資金繰りが厳しくなった場合、取締役としては、できるだけ会社の利益を考慮して、話し合いに応じなければなりません。

　取締役は従業員と違い、会社と雇用契約を結んで業務を執行しているわけではありません。会社のオーナーである株主が、業務の執行を取締役に任せているという形になります。それは会社と取締役が、経営の委任契約で結ばれているということを意味しています。そこで、取締役は常に経営者の立場で物事を判断する必要があります。

赤字の事業を継続させた責任を問われることはあるのでしょうか。

善良なる管理者としての注意を怠ったと判断される場合は責任を問われます。

　取締役会は、会社経営の意思決定機関ですから、赤字続きの事業を継続するか撤退するかを決定する権限を有しています。取締役には、会社を危機的な状況に陥らせないように経営する責任があり、必要に応じて適切な措置をとる義務もあります。

　赤字続きで回復する見込みが全くない事業について、取締役が深く考えずに「継続する」という判断をしていた場合には、取締役としての「善良な管理者としての義務」に違反していると判断され、会社に対して損害賠償責任を負う可能性もあります。

　このように取締役は、「善良なる管理者の注意」をもって会社の経営に携わる義務があり、いいかげんな行為をすることは許されません。特に、会社の資金調達の方法は重要で、返済見込みのない高利の融資を受けたとなると、事態は深刻です。その場合、まずは、弁護士に相談するなどによって債務を整理し、会社の経営立て直しをはからなければなりません。状況によっては、民事再生法による民事再生手続を開始するのが望ましいケースもあります。状況に合わせた適切な対応をしなければ、取締役として株主に対する責任だけでなく、借入先に対しても責任を負う可能性があります。返済見込みのない金銭の借入れは第三者に対して取締役が責任を負わされる典型的なケースです。

資金運用のための投資活動に失敗した場合はどうなるのでしょうか。

場合によっては、損失を賠償しなければなりません。

　会社も資金運用のために投資活動に参加できます。しかし、企業の規模、財務状況を考えて明らかに許容範囲を超えていた場合や、内容やリスクの大きさなどを十分に調査することなく投資を行った場合には、善管注意義務違反として、その投資に賛成した取締役が、会社に対して連帯して賠償責任を負う可能性があります。取締役会で決議された投資であったとしても免責されません。損害賠償責任はたとえ取締役を退任してもなくなりません。取締役が死亡すれば、この損害賠償債務も相続人に相続されます。

　この他、会社の営業活動の範囲外の投機取引で会社財産を処分する行為は、5年以下の懲役または500万円以下の罰金に処せられます（懲役と罰金の両方の場合もある）。また、取締役個人が株をやるために会社のお金に手をつけたとすれば、業務上横領罪などの犯罪にあたります。当然、刑事・民事共に重い責任を負います。

　なお、取締役は善管注意義務を守っていたことを証明すれば責任から逃れられるわけではありません。投資活動の失敗に対して、取締役会および株主総会により、経営責任を問われる可能性があります。

「コンプライアンス」という言葉をよく聞くのですが、どんなことを意味するのでしょうか。

経営者の不祥事を防ぐためのルールと体制作りを目的としている概念のことです。

　コンプライアンスとは、会社経営における法令遵守のことです。
　法令を遵守しない不健全な会社は、社会的信頼を得ることができず、利益をあげることも難しくなります。株主や会社債権者など、会社を取り巻く多くの人たちに大きな損害を与えかねません。
　コンプライアンスの具体化と見られる定めは、会社法の随所に見られます。たとえば、大会社における内部統制システムの構築が義務化され、取締役会で業務の適正を確保するための体制についての基本方針を作成することが求められている点がその例です。
　また、登記の制度や書類の備置など、ディスクロージャー（情報開示）によって円滑な取引と適正な経営を可能にしています。さらに、役員に対する損害賠償責任の追及や罰則の適用などを通じて、権限濫用を抑制しようとしています。
　会社が守るべき法律は、数多くあります。会社法をはじめ、独占禁止法、不正競争防止法、金融商品取引法、労働基準法、消費者契約法、著作権法など数えあげればきりがありません。重要なことは、法律をただ知っているというだけではなく、それを遵守する体制を作り、情報を開示し、従業員などに周知徹底させるということです。日本経済団体連合会も「企業行動憲章」で、コンプライアンスの実践に必要な10の項目を揚げています。

大企業は内部統制システムを構築しなければならないと聞いたのですが、具体的にはどんな体制のことを意味するのでしょうか。

大会社は、情報の保存・管理、損失の危険管理などの事項について必要な体制を整えなければなりません。

内部統制システムとは会社の業務の適正を確保するために必要な機構（システム）のことです。特に大企業の場合、虚偽記載やインサイダー取引などの違法行為の社会への影響が大きいので、会社法上の大会社にあたる規模の会社では内部統制システムの構築が義務付けられています。法律や社内規程により内部統制システムの構築義務があるにも関わらず、取締役が適切な内部統制システムを構築していない場合には取締役の責任を追及できます。整備が求められる内部統制システムの主な内容は以下の通りです。

・取締役の職務の執行についての情報の保存・管理に関する体制
・損失の危険の管理に関する規程その他の体制
・取締役の職務の執行が効率的に行われることを確保するための体制
・使用人の職務の執行が法令・定款に適合することを確保するための体制

しかし、具体的にどのような内容の内部統制システムを整備するかという点については取締役の広い裁量に委ねられていると考えられています。そのため、実際のところ、取締役の責任が認められるのは、取締役の事実の認定、選択決定が著しく不合理と評

価されるような場合などに限定されてしまう可能性があります。

●平成26年改正でどう変わったか

　内部統制システムについてはこれまで会社法施行規則で規定されていましたが、改正により会社法本体に、株式会社とその子会社から成る企業集団の内部統制システムについて規定が置かれることになりました。これによって親子会社の間での責任の分担を明確にすることが求められています。そして、内部統制システムの運用状況を事業報告に記載しなければならないという規定が置かれました。改正により、内部統制システムが適切に運用されているかということを株主等に明らかにしなければなりません。また、内部統制システムに関してはこれまで監査役の権限や独立性を確保することで整備がなされてきましたが、改正により、さらに監査役の監査が十分に機能するような具体的な体制が整えられることになりました。

■ 内部統制システム

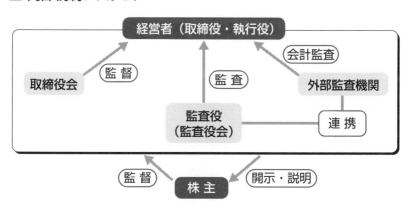

⇒経営者の業務執行の適正確保と子会社も含めた企業集団の業務の適正確保を実現できるような体制を作る

Question 8
利益を重視する余り、経営者として不適切な行動をしてしまいました。どんな責任を負うのでしょうか。

 不適切な行動は、社会的責任、法律上の責任を問われる場合があります。

　取締役の責任は、大きく2つに分けることができます。1つは社会的責任です。道義的責任といってもよいでしょう。会社は自分の利益を図りつつ社会に貢献することを期待されています。会社が社会を揺るがすような問題や不祥事を引き起こした場合、取締役は目に見える形で社会に対して責任を取る必要が出てきます。給与カットやボーナスカット、あるいは引責辞任などのケースがありますが、これらはすべて社会的責任のとり方です。

　もう1つは法律上の責任です。これは、違法配当や総会屋に対する金銭の受け渡しといった罪を犯した場合の刑事責任と取締役としての任務を行ったことによる損害賠償責任などの民事責任に分けることができます（会社自体に対しては、○日間の営業停止など行政責任が科せられることもあります）。刑事責任は法律で定められた刑罰を受けることですが、民事責任は損害賠償という形で取締役にかかってきます。損害賠償責任の対象は、会社（会社が責任を追及しない場合でも、株主が株主代表訴訟を会社の代わりに起こす可能性があります）に対するものと第三者に対するものがあります。法令違反、利益供与や違法な剰余金配当、利益相反取引に関しては会社に対して責任を負います。第三者に対しては任務を怠ったことについての損害に対して責任を負います。

取締役が会社の機密を漏らした場合には、どんな責任を負うのでしょうか。

会社に損害を与えた場合は、損害賠償責任や刑事責任を負う可能性があります。

　取締役は、仕事上、会社の機密情報に触れる機会が多くなります。取締役は、会社の機密情報については、当然に守秘義務を負っていますが、その義務に反して取締役が会社の機密情報を漏らした場合は、会社に対して損害を賠償する責任を負います。また、刑事上の責任を負うこともあります。また、情報を口外した責任で、取締役を解任されるか、解任まではされなくても、任期満了の際に再任されない場合もあります。

　ただ、取締役を退任した後に会社の情報を漏らした場合は、取締役としての守秘義務は原則として負いません。なぜなら、退任している取締役は、会社に対して取締役として負うべき義務がないからです。しかし、在任中に会社と取締役との間で「退任後も会社で知り得た情報を漏らしてはならない」という秘密保持契約を結んでいた場合、退任後に機密情報を漏らすと、債務不履行としての損害賠償請求や、事前の差止請求が認められることもあります。ただし、その契約が、取締役から経済活動の自由を奪うほど制約している場合は、職業選択の自由を侵害する不当な契約として無効になる可能性もあります。もし、会社が退任する取締役と秘密保持についての契約を交わすのであれば、その内容を合理的範囲・程度にとどめておく必要があるでしょう。

Question 10 会社の経営者が不正経理や不正融資に加担した場合、どんな責任を問われるのでしょうか。

 会社や株主及び債権者などに対して損害賠償責任を問われます。

　代表取締役など、企業の経営トップは会社の取り扱う業務について多岐にわたって広大な権限をもっています。そのため、職務執行にあたり多額の資金の取扱いを決定することも多くあります。

　数年前に、大王製紙株式会社の不正融資問題やオリンパス株式会社の不正経理問題など、大企業の資金をめぐる問題がクローズアップされましたが、大王製紙株式会社やオリンパス株式会社で本当に不正があったかどうかは別としても、経営者が会社の資金の取扱いについて不正を行ったことが明らかになった場合には、経営者としての責任を追及されることになります。

　このように、会社の経営者が不正経理や不正融資など法令又は定款に違反する行為をして、会社や株主そして債権者などに損害が生じた場合はそれらの者に対して損害賠償責任などを負う事になります。具体的には、代表取締役の解任や賠償請求などの会社による責任追及、会社による責任追及がない場合の株主からの株主代表訴訟による責任追及、その他、取引先など債権者からの損害賠償請求などを求められます。どのような会社であっても企業の事業活動は社会に影響を与えています。そのため、経営トップである代表取締役は、コンプライアンスを常に意識して、職務に取り組まなければなりません。

経営者としての判断ミスで会社が多額の負債をかかえてしまいました。私が会社に損害賠償責任を負うのでしょうか。

判断ミスという過失で会社に損害を与えた以上、会社に対する損害を賠償しなければなりません。

　取締役や監査役などの会社の役員等が任務を怠った結果、会社に損害が生じた場合、生じた損害について損害を賠償する責任を負います。

　「任務を怠った」というのは、取締役の場合、具体的には善管注意義務・忠実義務に違反した場合の他、競業取引や利益相反取引の規制に違反した場合など、法令や定款に違反した場合を広く含みます。この任務懈怠責任は、過失責任（不注意があった場合にだけ負う責任）です。つまり、取締役が注意を怠らなかったことを立証（証明）すれば責任を免れることができます。

　もっとも、会社に取締役の債務を保証させるなど会社と取締役・第三者との利益が反する取引（利益相反取引）をした取締役については、任務懈怠があったと推定されます。この場合、取引を決定した会社の取締役や取締役会の承認決議に賛成した取締役（議事録に異議をとどめなかった取締役も含む）にも過失が推定されます。したがって、取締役は、過失がなかったことを証明できなければ、会社に対して損害賠償責任を負うことになります。さらに、自分のために当事者として利益相反取引（自己取引）を行った取締役は、無過失責任を負います。

取締役が会社に対して損害賠償責任を負うのはどんな場合でしょうか。

任務懈怠をした取締役の他、決議に参加した取締役も責任を負うことがあります。

　任務懈怠のあった取締役自身は当然責任を負います。その他、取締役の任務懈怠行為が取締役会決議に基づいてなされた場合には、その決議に賛成した取締役も、そのことについて任務懈怠があれば、同じ責任を負います。

　また、決議に参加した取締役は、議事録の記載に異議を述べなかった場合、反対の事実を証明しない限り、決議に賛成したものとして扱われ、任務懈怠があれば、責任を負うことになります。

　取締役の賠償責任は、原則として総株主の同意がなければ免除できません。損害賠償責任は、10年間経過すれば時効によって消滅します。会社や株主が訴えを起こした場合には時効の進行が中断し、結局、消滅するまでに10年以上かかることもあります。

　会社に損害が発生しているにも関わらず、会社が取締役に対して損害賠償責任を追及しない場合、株主は会社に代わって株主代表訴訟を提起することができます。

　なお、「非常勤でいいから」と取締役の就任を要請された非常勤の取締役でも、第三者から責任を追及された場合、取締役に就任した以上は、責任を免れることはできません。

任務を怠った監査役は会社や株主に対してどんな責任を負うのでしょうか。

会社に対する任務懈怠責任や第三者に対する責任、刑事責任を負います。

　会社に対する任務懈怠責任は「役員等」の責任ですから、取締役だけでなく、監査役も任務懈怠責任を負います。

　監査役会を設置している会社で、監査役会の決議に基づいて、監査役が職務を行った場合、その職務を行った監査役だけでなく、監査役会の決議に賛成した監査役もその職務を行ったものとみなされます。したがって、監査役が行った職務につき会社に損害があった場合、各監査役は連帯して損害賠償責任を負うことになります。決議に反対していたにも関わらず議事録にその旨の記載がない場合には、監査役自身が決議に反対していたことを証明できないのであれば、決議に賛成したものとされてしまいます。

　なお、監査役会を設置している会社の監査役が、監査役会の決議によらないで自らの判断で行った職務について、会社に損害があった場合は、その監査役だけが会社に対して損害賠償責任を負うことになります。

●**監査役の第三者に対する責任**

　監査役と会社は委任の関係にありますから、監査役は会社に対して善管注意義務を負います。ただ、取締役と異なり、監査役は会社の業務執行機関ではないため、会社の取引先などの第三者に対して、特別の法律関係が生じないのが原則です。

しかし、取引先などの第三者保護の観点から、①監査役が職務執行する上で、その取締役らの執行行為が法に反すると知っているか、重大な不注意で知らなかった場合、②監査報告書に記載しなければならない重要事項について虚偽の記載をした場合には、監査役が第三者に対して責任を負うとされています。

なお、監査役が第三者に生じた損害を賠償する責任を負う場合において、他の役員もその損害を賠償する責任を負う場合には、その役員と連帯責任を負うことになります。

●**株主代表訴訟による株主からの責任追及**

監査役も会社の役員ですから、監査役が、不正な監査を行っているような場合には、株主から株主代表訴訟（193ページ）によって責任を追及されることもあり得ます。株主が株主代表訴訟を起こすにあたっては、まず、書面によって会社に監査役の責任を追及する訴訟の提起を請求します。会社が株主の請求に応じた場合、代表取締役が監査役に対して責任を追及する訴訟を提起します。また、60日以内に会社が株主の請求に応じない場合は、株主が自ら株主代表訴訟を提起することができます。

なお、株主には、株主代表訴訟の他に、監査役の解任請求権が認められています。ただ、取締役と異なり、監査役の職務は直接、業務の執行に携わるわけではないため、監査役に違法行為があった場合でも、株主が差止請求をすることはできません。

●**監査役の刑事上の責任**

取締役と同じように監査役は会社だけでなく、社会に対して大きな影響力を持っています。このため、監査役も刑事上の責任が問われます。監査役が刑事責任を問われた場合、監査役の欠格事由に該当し、その監査役は退任しなければなりません。

なお、刑事責任を問われる罪には、会社法上の罪では「特別背任罪」や「利益供与罪」「収賄罪」があります。

名目取締役でも取締役の責任を負わされるのでしょうか。

取締役としての地位に基づき責任を負う可能性があります。

　「単なる形式だけで、決して迷惑はかけませんから」と言われて、「形式だけなら」と取締役になることを承諾したとします。このように、名前を貸しただけで、会社の経営に全くタッチしていない取締役のことを「名目取締役」といいます。役員報酬をもらわず、取締役会にも招集されない取締役のことです。

　しかし、名目的とはいえ取締役となる以上は、取締役としての義務と責任を負う事になります。そして代表取締役や他の取締役が違法な行為をした場合は、取締役として責任を追及される可能性があり、単なる形式だけで済むわけがないということを十分に認識しておく必要があるのです。

　たとえ、会社と名目取締役の間で「責任を負わない」という契約をしていたとしても、通常は、取引先はそうした契約の当事者になりませんから、「責任を負わない」という会社との間の免責契約を第三者に対しては主張することはできません。

　ただし、ほとんど知らない間に取締役にされてしまっていたような場合にまで、取締役としての責任を負うとしたらあまりにも気の毒です。取締役会が全く開催されておらず、名目取締役の代表取締役に対する監視義務違反がないような場合には取締役の第三者に対する責任が否定される場合があります。

取締役でないのに取締役として登記されている者や、取締役と同様の活動をしている事実上の取締役も責任を負うのでしょうか。

登記上の取締役や事実上の取締役も取締役と同様の責任を負う場合があります。

　取締役が違法行為を行ったり、放漫な経営をして、会社や、債権者などの第三者に損害を与えた場合に、取締役は損害賠償責任を負います。
　取締役選任決議を経ておらず、取締役に就任していないにも関わらず、取締役として登記をされてしまった者が、第三者に対して取締役としての責任を負うことは原則としてありません。
　ただ、その者が登記をすることに承諾を与えていた場合など、故意（わざと）または過失（不注意）によって登記がなされたという場合には、取締役としての責任を問われることがあります。第三者から見て登記されていれば取締役であると考えるのが通常だからです。
　また、取締役選任手続を経ておらず、取締役として登記もされていないが、実質的な経営者として活動している者がいる場合があります。法律上、取締役ではないが、対外的にも対内的にも、重要事項の決定などを行い、取締役と同様の権限をもって業務を行っている者（事実上の取締役という）も、会社または第三者に対して、取締役としての責任を負うことがあります。たとえば、取締役や執行役にあたらない執行役員も事実上の取締役として責任を負うことも考えられます。

Question 16 取締役の会社に対する損害賠償額はどのように判断するのでしょうか。基準はあるのでしょうか。

取締役の行ったことが原因で会社に生じた損害を賠償することになります。

　会社は、株主の権利行使に関して財産上の利益を供してはならず、これに関与した取締役・執行役は、供与した利益相当額を会社に対して連帯して支払う義務を負います。

　また、会社は分配可能額を超えて剰余金の配当をすることはできませんが、これに違反した場合、取締役・執行役は配当金相当額を会社に対して賠償する責任を負います。また、自己株式の取得や剰余金の配当など一定の会社の行為によって会社に欠損が生じた場合、当該行為に関する職務を行った取締役は、会社に対してその欠損額を連帯して賠償する責任を負います。

　剰余金の払い過ぎによって会社財産が食いつぶされるのを防ぐためです。違法配当を行った取締役は、配当した額などを会社に弁済しなければなりません。

　取締役・執行役が自己または第三者のために会社の事業の部類に属する取引をするときは、株主総会（取締役会設置会社では取締役会）の承認が必要とされ、違反した場合、その取引によって取締役・執行役や第三者が得た利益の額を損害額として会社に対して連帯して賠償する義務を負います。ノウハウや情報をもつ取締役・執行役が会社の競争相手となって、会社に損害を与えることを防ぐためのものです。

第6章 ● 役員の義務・責任と損害賠償

私の判断で開拓した新規事業で大きな損害が生じました。ただ、熟慮の上の行動で、判断時点で誤りがあったとは思えません。私は損害賠償責任を負うのでしょうか。

経営判断の原則の点で不注意があったといえない場合には責任を負いません。

　所有と経営の分離の下では、会社の所有者である株主が、経営の専門家である取締役に強大な権限を与えて、会社経営の一切を任せています。しかし、会社経営にはリスクがつきものです。取締役が経営上の判断を行うにあたって、常に将来の状況を間違いなく予測できるとは限りません。取締役の経営判断が結果として誤っており、会社の利益のために行ったはずの行為が必ずしも会社の利益に結びつかない、あるいは、かえって会社に損害を与えてしまったということも、十分にあり得るのです。

　そのような場合に、取締役が常に会社に対して責任を負わなければならないとすれば、いかにも酷な話です。任務を行うにあたって注意を怠らなかったにも関わらず、すべての結果責任を負わされるということになれば、責任が重過ぎて、取締役へのなり手はいなくなってしまうでしょう。

　そこで、結果的に会社に損害が発生してしまった場合であっても、業務執行が合理的な手続きに従って誠実になされていたといえるときには、会社に対する損害賠償責任を問われることはないとされています。合理的な手続きで誠実に業務が執行されている以上、取締役の任務懈怠があったとはいえないからです。これを経営判断の原則といいます。

一方、当時の状況や取締役の能力から見て、経営上の判断が著しく不合理であったといえる場合には、任務懈怠があったものとして、会社に生じた損害を賠償する責任を負うことになります。

●新規事業の開始と経営判断の原則

新規事業の開始は、莫大な設備投資がかかり大きなリスクがあることを忘れてはいけません。ただ、多少のリスクを覚悟して新しいビジネスを始めなければ企業が生き残ることができない面もあるでしょう。新規事業を展開するにあたって、取締役は会社の現状を把握し、その上で会社の将来像を描かなければなりません。万が一、新規事業が失敗に終わったとしても、それが、「経営判断の原則」に従ったものであれば、取締役が責任を問われることはありません。具体的には、①事前に十分な調査をしていること、②十分な論議と検討を行うこと、③合理性のある判断を行うこと、という3つの要件が必要になります。この3つのうちのいずれかを欠いたまま始めた新規事業が失敗に終わった場合には、取締役は責任を負わなければなりません。

■ 経営判断の原則

経営判断の原則（ビジネス・ジャッジメント・ルール）

企業経営の判断は、専門的・政策的
↓
取締役の裁量は広い
↓
取締役の行為により、結果として会社に損害が生じたとしても、
①取締役の事実認識に不注意がなく、
②それに基づく意思決定が経営者として不合理でない場合
取締役は会社に対して責任を負わない

当社の手がけている事業をより発展させる形で、私が取締役としての立場ではなく個人として事業展開していこうと考えているのですが、可能でしょうか。

株主総会（取締役会設置の場合は取締役会）の承認を得れば可能です。

　会社経営の最前線に立つ取締役には自分の会社や他社のあらゆる情報が入ってきます。また、社会的に地位の高い人や銀行とのつながりもできてくるでしょう。中には、「今の会社のやり方じゃだめだ。自分が代表取締役になったらこの人脈とノウハウを使ってもっと大きなビジネスができるし、もっと儲けることできるはずだ」と考える人もいるかもしれません。そう思いつつ、今の会社の代表取締役の地位を狙うのであれば問題はないのですが、取締役の地位のまま自分の会社を作ろうとするのであれば、法律上の問題が発生します。これが競業避止義務という問題です。

　取締役が様々な情報を得、人脈を作っていけるというのは、会社あってのことです。それを忘れて会社を裏切るような行為、会社に不利益を与えるような行為をすることは許されません。そこで取締役には、自分の会社と同じ業種を自分の利益のために営んではならないという競業避止義務を負い、競業取引をする場合、株主総会又は取締役会の事前承認を得なければなりません。しかし、会社の承認を得たとしても会社に損害が生じた場合は、損害賠償責任を負います。なお、取締役が退任した後に同業種の会社を設立することはできますが、退任時に会社との間で結ぶ競業避止特約により、競業行為が禁止される可能性はあります。

Question 19 会社と事業内容が重なるような取引を取締役が個人として行うためにはどんな手続きが必要でしょうか。

事前に会社に情報を開示して承認する手続きが必要です。

　競業取引とは、会社の事業の部類に属する取引を取締役・執行役が自己または第三者のために行うことです。たとえば、電化製品を扱うA社の取締役である甲が、B社の取締役として電化製品の取引をするような場合がこれにあたります。

　会社の取引先やノウハウ、企業秘密などを知っている取締役・執行役が、会社の競争相手となって取引をすることは、会社の利益を損ないます。そのため、取締役・執行役が競業取引をする場合には、株主総会（取締役会設置会社では、取締役会）の承認が必要になります。

　承認を得るために取締役は、自分が行いたい事業はどのようなもので、どのような点が競業行為になるのかなど、事業についての詳細な資料を取締役会に提出しなければなりません。取引先・目的物・数量・価額・取引期間・利益の見込みなどを予め調査し、それを取締役会に提出するようにしましょう。

　資料を提示された取締役会は、慎重な協議を経て、承認するか否かの決定をしなければなりません。安易な承認をしてしまっては、万が一、会社に損害が出た場合に責任が発生する可能性もあるからです。

　なお、取締役会設置会社の場合、取締役は競業取引について取

第6章 ● 役員の義務・責任と損害賠償

締役会の承認を得た後も、その取引の結果がどのようなものかを取締役会で報告する必要があります。取締役会はその報告を聞き、事前の説明どおりの取引かどうかを判断します。もし、事前の報告通りでない場合には、競業避止義務に違反するということになり、違反した取締役は会社に対して損害賠償の責任を負うことになります。

●報告と異なる内容の取引が行われた場合

報告とは違う取引が行われていた場合は、その取引について取締役会の承認がないわけですから、競業避止義務違反となり、違反した取締役は会社に対して損害賠償責任を負わなければなりません。また、取締役会で競業避止義務に違反する行為を承認した取締役も一緒に責任を負わなければなりません。

取締役会の承認がない競業取引を行っていた場合の損害賠償額は、その取締役が事業によって得た利益の全額となります。それを減額するためには、自分の競業行為によって会社が受けた損害はそれよりも少ないということを裁判で証明しなければなりません。

■ 取締役が競業避止義務違反行為をした場合

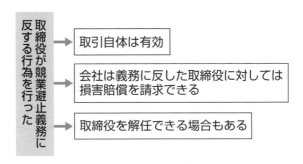

取締役が取締役会の承認を得て競業取引を行った場合、結果として会社の事業に大打撃が生じても、その取締役に責任追及することはできないということになるのでしょうか。

結果として会社に損害が生じた以上会社に対する責任が生じます。

　競業避止義務違反行為について取締役会の承認を必要としているのは、その行為を行うための免罪符を与えるという意味ではなく、もし、会社に損害が出た場合にそれを補てん（埋め合わせ）する責任を負う人を増やす意味だといってもよいでしょう。
　取締役会の決議は議事録として残されますから、それを見れば、どの取締役が賛成したのか明らかです。ただ、反対の意見を述べたとしても、それが議事録に記載されていない限り、賛成したものと推定されますから、議事録に署名する際は、必ず内容を確認しておきましょう。

●損害賠償額はこう決まる

　取締役会の承認は得ていたものの、当初の事業内容と違っているため、結果として競業避止義務に違反することになった場合には取締役が得た利益が損害賠償額になるわけではありません。一応、取締役会の承認があるので、この場合は、会社がその取締役が競業避止義務違反によって利益を得ていることと、それにより会社にどれだけの損害が発生しているのかを裁判で証明し、賠償額が決まります。その賠償額について競業避止義務違反をした取締役と取締役会で承認した取締役とで会社に支払うことになるのです。

Question 21
使用人兼務取締役の場合・新規に事業を起こし、経営はしないが出資などをするようなことは可能でしょうか。

直接事業経営に関わる事はできませんが、出資のみであればできる可能性があります。

　使用人兼務取締役が会社と競業するような事業を起こそうとする場合は、さらに注意が必要です。このような取締役は、会社との間で、取締役の立場での委任契約と使用人としての雇用契約を結んでいます。雇用契約の場合、就業規則などで兼業自体が禁止されているのが通常です。したがって、この場合は、同業であろうとなかろうと、どんな事業であってもすることはできません。取締役の競業避止義務の問題ではなく、使用人の兼業禁止の問題になります。仮に会社とは別の事業だったとしても、雇用契約に違反することになります。

　また、取締役の中には他の会社から出資を求められたり、非常勤取締役への就任を要請されたりする人もいるでしょう。このような場合は、自分で直接事業を営むわけではありませんが、実質的に見て競業にあたる可能性もあります。そこで、取締役会で意見を求め、承認を得てから出資なり、非常勤取締役への就任なりをした方が、後からトラブルになる可能性が少ないといえます。

　会社法上、取締役が競業取引や利益相反取引をする場合、株主総会（取締役会設置の場合は取締役会）の事前の承認を得る必要があるので、結論としては他の会社が関係してくる事柄については、取締役会で一度意見を聞いてみる方がよいといえるでしょう。

競業する業種はどのように判断すればよいのでしょうか。

扱う商品やサービス、仕入先や販売ルートなどが競合するかによって判断します。

　基本的には、全く同じ業種の事業を営むのであれば、それは競業避止義務に違反するといえます。また、仕入先や販売委託先が同じというように、日々の業務で知り合った人脈を利用する場合も、何らかの形で今の会社と競合することになり、競業避止義務に違反するといえるでしょう。ただ、同じ事業をする会社であっても、原材料の仕入先や製品の販売過程、販売地域などの点で違うため、競合商品にはならないのであれば、両社は競合関係にはなく、取締役も競業避止義務に違反していることにはなりません。

　一方で、製造するものが異なるケースであったとしても、仕入先や販売ルートなどで競合するのであれば、両社は競業関係にあるとされ、取締役はその事業を会社の承認なしに行うことはできません。また、使用人兼務取締役の場合、就業規則で兼業自体が禁止されているのであれば、同業はもちろん異業種であったとしても、会社の承認なしに事業をすることは当然できません。つまり、従業員としての立場について、就業規則に違反することになります。

　また、自分で事業を営みはせず、出資したり、非常勤役員に就任したりという場合は競業避止義務に違反するとはいえませんが、一応、会社の承認を得た方が、後から問題にはならないといえます。

子会社や業務提携をした会社の取締役となることは競業避止義務違反になるのでしょうか。

子会社の取締役になることは競業行為となる場合があります。

　会社が行っている事業、行おうとしている事業について取締役が行うことは、会社にとって大きな損害になります。その事業の取引先を奪われることになったり、会社の企業秘密を利用され、不当に利益を得る危険があるため、競業行為については厳格に規制されています。

　会社が業績の悪いある事業をてこ入れするために、同じ事業を営む子会社を作り、その子会社へ自分のところの取締役を代表取締役として就任させる場合があります。このケースは親会社・子会社といったグループ企業の中の話なので競業避止義務とは関係ないような気もします。

　しかし、いくら子会社といっても、同じ事業を営む別会社ですから、原則どおり、競業避止義務の問題となり、代表取締役になることについて取締役会の承認を得なければなりません。

　では、最近よく見られるようになった、業務提携した会社同士が取締役を交換して就任させる場合はどうでしょうか。この場合、代表取締役になるわけではありませんし、単なる取締役には会社を代表して業務を執行する権限はありません。

　したがって、競業避止義務の問題は発生しないため、取締役会の承認がなくても取締役に就任できると考えられています。

ある会社の取締役をしています。会社の優秀な従業員数名と共に別会社を立ち上げたいと思いますが、可能でしょうか。

会社に対する忠実義務及び競業避止義務違反に問われる可能性があります。

　取締役には会社の業務に対して、忠実に尽くす義務があります。今の会社を辞めて、自分の会社を作ろうとするのであれば、忠実義務及び競業避止義務違反という法律上の問題が発生します。

　取締役が自分の会社を設立するために、在任中に従業員を引き連れて出るための勧誘工作を行っている場合には、明らかに取締役の忠実義務に違反している行為といえます。従業員を引き抜く行為などによって、会社全体に損害を与えた場合には、会社は取締役に対し、損害賠償を請求することができます。

　ただ、従業員が自発的に会社を辞めて、取締役が設立した会社にやってきた場合には、取締役本人の方から不当な働きかけをしたわけではありませんから、取締役は責任を問われません。

　一方、在任中ではなく、退職後に在籍していた会社の従業員を勧誘する場合については、退職後の取締役は、善管注意義務や忠実義務を負わなくなる点で事情が異なります。ただ、退職後に会社の従業員を自由に自分の行う事業へ引き抜くことができるとすれば、会社にとっては痛手です。引き抜きを防ぐために、会社と取締役との間で「退職後○年間は同市町村内で同種の事業を行わない」といった退職後の一定の行為を禁止する合意（契約）を結んでいる場合は、損害賠償責任を問われる可能性があります。

第6章　●　役員の義務・責任と損害賠償

利益相反取引とはどんな取引を意味するのでしょうか。

会社の利益を損ねる取締役の取引のことで、直接取引と間接取引があります。

　取引によっては、取締役が持っている資材を会社に売る場合などのように、取締役個人と会社との間で行われるものもあります。このような取引を直接取引と呼びます。また、取締役自身ではない第三者と会社との間で行われる取引の中には、実質的に見て会社と取締役との利益が相反する場合もあります。これを間接取引と呼びます。これらの取引は内容によっては、取締役の利益となって会社に不利益を与える場合があります。このような取引を利益相反取引といいますが、利益相反取引は、取締役会の承認を得なければできません。取締役会の承認なしに利益相反取引を行っても、それは原則として無効になります。

　なお、取締役が会社に損害を与える目的をもって自分や第三者の利益を図った行為によって実際に会社に損害が出たのであれば、特別背任罪（205ページ）という犯罪になる可能性もありますから注意しましょう。

● 利益相反取引となる行為とはどのようなものか

　利益相反取引になるかどうかの判断は、実質的に見て会社と取締役の利益が相反するかどうかにかかってきます。具体例でその判断基準を見てみましょう。

① 利益相反取引になるケース

取締役に対して会社が約束手形を振り出すことは、利益相反取引に該当するのが原則です。また、取締役の個人的な借金の連帯保証人に会社がなることも利益相反取引といえます。

② 利益相反取引にあたらない場合

取締役が会社に対して無担保あるいは無利息で融資する行為は会社に不利益を与えません。したがって、利益相反取引には該当しません。取締役が自分の財産を会社に無償で贈与したり、取締役が会社に借金を返済したりすることも、会社に損害や不利益を与えるわけではないですから、利益相反取引でありません。

つまり、利益相反取引は、取締役個人の利益にはなるものの、会社の利益にはならない、会社にメリットはない行為です。会社に不利益がないのであれば、利益相反取引にあたらないといえます。

このような判断基準があるものの、不利益になるかどうか判断しかねるケースもあるでしょうから、微妙な取引については、事前に取締役会の承認を得ておいた方がよいでしょう。

■ 利益相反取引の例

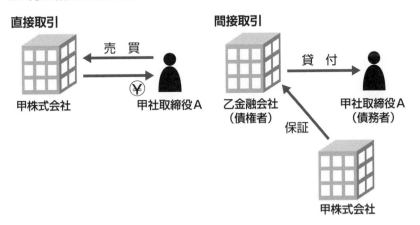

取締役の債務を会社に保証してもらおうと考えているのですが、どんな手続きが必要でしょうか。

事実を開示して、株主総会または取締役会の承認を得なければなりません。

　取締役の行為が利益相反取引にあたる場合、競業取引の場合と同じように、取締役会（取締役会設置会社の場合）または株主総会（取締役会非設置会社の場合）に、取引についての重要な事実を示して承認を受けなければなりません。取締役会設置会社の場合は、取引後も、速やかに取締役会にその取引についての重要事実を報告しなければなりません。

　利益相反取引に対して、取締役会は取引ごとに検討して承認する必要があります。包括的に検討・承認してはいけません。たとえば、「取締役の借金の連帯保証人になる」というようなものではなく、「取締役が甲会社からしている500万円の借金についての連帯保証人に会社がなる」というように、具体的な行為に対しての承認でなければならないのです。

　ただ、客観的に見て会社に不利益を及ぼさないことが明らかな行為であったり、継続的に行う取引である場合は、包括的な承認をすることもできます。なお、継続的取引の場合は、承認する際に、数量や金額、期間など範囲を決めなければなりません。

　承認を得ないで行った利益相反取引は原則として無効ですが、事後的に取締役会の承認を得ることができれば、承認前も承認後もその取引は有効になります。

●取締役会での承認を受けた場合でも注意が必要

　利益相反取引を取締役会で承認されたとしても、取締役は会社に損害を与えないようにしなければなりません。また、その取引が事前の報告どおりの内容か、会社に不利益をもたらしていないか、など、利益相反取引の経過や結果を取締役会で報告する必要もあります。取締役会がその取締役に報告を求めることもできます。

　取締役会の承認を得た利益相反取引であっても、その取引が結果として会社に損害を与えている場合には、たとえ落ち度はなかった（無過失であった）としても、取締役は会社に対して損害賠償責任を負います。取締役会での承認の際に賛成した取締役も利益相反取引を行った取締役と連帯して責任を負わなければなりません。反対の意見を述べた取締役はその旨を議事録に掲載しておかなければなりません。

　その利益相反取引が会社に損害を与えることを承知の上で承認に賛成した取締役は会社法上の特別背任罪により刑事罰を受ける可能性もあります。

　利益相反取引はひとつ間違えば、その取引を行った取締役も承認した取締役も大きな責任を負います。したがって、承認の際は慎重な検討が必要といえるでしょう。

　取締役が会社の承認を受けないで、利益相反取引を行い、会社に損害が生じた場合には、自分に過失（不注意）がなかったという事実を証明できない限り、会社に対して損害賠償責任を負います。自己のために直接取引を行った取締役は、過失（不注意）がなくても（会社の承認を受けていた場合でも）、会社に対して損害賠償責任を負います。

　また、利益相反取引の規制に違反したことは、取締役を解任するための正当な理由になります。

個人的な担保提供をすることは利益相反取引でしょうか。また個人保証、手形の裏書を求められた場合どうすればよいのでしょうか。

担保提供は利益相反にはあたりません。個人保証や手形の裏書は検討が必要です。

　取締役が自分や第三者のために会社との間で行う取引や、会社と取締役以外の者との取引で、会社と取締役との利益が相反するものを利益相反取引といいます。会社に対して損害を与えるため、規制されています。取締役が会社に対して、無利息・無担保で金銭を貸し付ける行為は、利益相反行為にはあたりません。会社との取引だからといって、断る理由にはなりません。利息つきだとしても、取締役会の承認があれば法的にも問題ありません。

　取締役が会社の債務について保証する個人保証については、会社の利益となるので、問題なく行うことができます。個人保証を求められた場合、法律的には応じる義務はありません。しかし現実には、取締役は、会社の経営責任者として、何らかの誠意を見せるように期待されることがあります。その場合にも、将来的な損得を考えて、個人的に判断すればよいでしょう。なお、会社が取締役の債務を保証するのは利益相反取引にあたります。

　また、個人的に手形の裏書を求められても、法律的には、応じる義務はありません。もし、手形に裏書すると、裏書人として義務が生じます。たとえば、手形を振り出した人が決済できない場合、その手形に裏書した人が代わりに支払義務を負うことになります。個人的な手形の裏書は避けた方がよいでしょう。

剰余金の額はどのように計算するのでしょうか。

会社の純資産額から資本金や準備金などを差し引いた額のことです。

会社があげた利益を株主に分配することを、剰余金の配当といいます。会社は営利を目的とする法人です。「営利」とは、単に会社自身が事業活動を通じて利益をあげることを意味するだけではなく、あげた利益を出資者に分配することを意味します。この出資者への分配が剰余金の配当ということになります。

剰余金とは、会社の純資産額から、会社に留保しなければならない資本金や準備金などを差し引いた額のことです。剰余金の配当は、株主総会の普通決議でいつでも行うことができます。また、取締役会設置会社は、定款で定めれば、1事業年度の途中で1回に限り、取締役会の決議で剰余金の配当をすることができます。これを中間配当といいます。

剰余金の配当は、分配可能額を超えて行うことはできません。分配可能額とは、剰余金の額から自己株式（会社の自社株）の帳簿価額などを差し引いた額のことです。無制限に剰余金の配当ができるとすれば、会社財産が不当に流出して会社債権者の利益を害する危険があるからです。なお、配当後の純資産額が300万円未満となるような剰余金の配当も禁止されています。

●剰余金の額の計算方法

剰余金の額の計算方法は、次のように複雑です。

① （最終事業年度内の資産額＋自己株式の帳簿価額の合計額）
　－（最終事業年度内の負債額＋資本金・準備金の合計額＋法務省令で定めるもの）
② （最終事業年度後の自己株式処分の対価額から帳簿上の額を控除した額＋資本減少額＋準備金減少額）
③ （最終事業年度後の自己株式消却の帳簿上の額＋剰余金配当財産の帳簿総額＋株主に支払った金銭の合計額＋法務省令で定めるもの）

この場合において、（①＋②）－③が剰余金の額となります。

剰余金を資本あるいは準備金に組み入れたり、準備金を資本に組み入れたりする場合には、株主総会の普通決議が必要になります。

なお、資本準備金とは、利益以外の財源から積み立てられる準備金のことで、利益準備金は、毎決算期の利益の一部を貯めて将来に備えるために積み立てられる準備金のことですが、会社法上は、資本準備金も利益準備金も区別せず準備金として一本化されたため、両者の間の取扱いに違いはありません。

■ **資本金と準備金の役割**

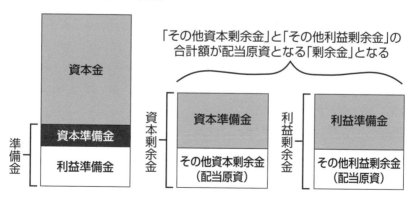

剰余金の配当を行うのですが、どんな点に気をつければよいのでしょうか。

会計上、配当資金があることを確認し、違法配当にならないようにします。

　会社は営利を目的とする組織ですので、利益をあげるように努力する必要があります。利益があがらなかった場合、そもそも配当する資金がないということになりますし、利益が上がらない状況で配当を行うことは会社財産を損ねることにもつながります。

　財源規制とは、株主に対する剰余金（利益）の配当や自己株式の取得に関して、限度が設定されていることです。

　無制限に剰余金の配当や自己株式の取得ができるということになれば、会社財産が食いものにされ、債権の回収を期待する会社債権者の利益を損ないます。そのため、剰余金の配当や自己株式の取得をする場合には、このような財源規制がなされています。

　分配可能額を超えてなされた剰余金の配当（いわゆる「たこ配当」）は、無効です。まず、会社は、違法な配当を受けた株主に対して、その返還を請求することができます。また、会社債権者も、株主に対して、直接自分に返還するように請求することができます。

●取締役の責任

　違法配当を行った場合、取締役らに対して以下に述べるような責任を課しています。

・取締役の会社に対する責任

分配可能額を超えて剰余金の分配がなされた場合には、取締役は、分配された額を会社に支払わなければなりません。分配可能額を超える部分についての責任は、総株主の同意によっても免除することはできません（分配可能額までは総株主の同意によって免除することができます）。もっとも、取締役が注意を怠らなかったこと（無過失）を立証（証明）すれば、責任を免れます。

　分配可能額の範囲を守って剰余金の配当を行った場合でも、期末に欠損が生じたときは、業務執行者（代表取締役など）は、会社に対し連帯して、その欠損額を支払う義務を負います。ただ、職務を行うにあたって注意を怠らなかったこと（無過失）を立証（証明）した場合には、責任を免れます。また、総株主の同意によって、責任を免除できます。

・取締役の第三者に対する責任

　取締役が分配可能額を超える配当であることを知って（悪意）、または、重大な不注意でそのことを知らずに（重過失）、違法な配当を行い、そのことによって第三者に損害を与えた場合には、連帯して賠償責任を負います。

■ 財源規制違反の責任

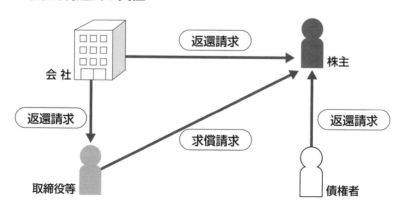

判断ミスで会社に損害を与えた場合、株主の同意や株主総会・取締役会の決議があっても取締役は常に全責任を負うのでしょうか。

株主全員の同意や総会特別決議、取締役会決議による免除・軽減の制度があります。

取締役ら役員の責任が重すぎると取締役のなり手がいなくなるという問題も生じます。そのため、役員の責任を免除する制度や、一定の条件の下で責任を軽減する制度が設けられています。

① **株主の同意による責任の免除**

総株主の同意があれば、取締役ら役員の任務懈怠による責任、利益供与による責任を免除することができます。

また、違法な剰余金配当による責任も、分配可能額の範囲に限って免除することができます。

② **株主総会決議による責任の軽減**

任務懈怠による取締役らの責任については、取締役ら役員が職務を行うにあたって善意であり（知らずに）、かつ、重大な過失（不注意）がない場合には、株主総会の特別決議により、その責任の一部を免除すること（つまり責任の軽減）ができます。免除されるのは、賠償責任を負うべき額から一定額を差し引いた額を限度とします。なお、責任軽減の議案を株主総会に提出する場合には、監査役全員の同意がなければなりません。

一部免除の限度額については、賠償額から次のⓐ、ⓑに示す一定の額の合計額を控除した額を限度として取締役の会社に対する責任を免除することができます。

ⓐ　取締役が在職中に会社から受ける報酬などの6年分（代表取締役の場合）、4年分（代表取締役以外の取締役の場合）、2年分（業務を執行しない取締役の場合）
ⓑ　取締役が新株予約権を引き受けた場合のその利益に相当する額

●**取締役会決議による責任の軽減**

　取締役が2人以上いて監査役を設置する会社、監査等委員会設置会社、指名委員会等設置会社は、定款で定めれば、取締役会決議で役員の任務懈怠に基づく責任を一部免除（軽減）することもできます。取締役会非設置会社の場合は、責任を負う取締役以外の取締役の過半数で、責任の一部免除を決定します。

　②の場合と同様、取締役ら役員が職務を行うにあたって任務懈怠を知らず（善意）、かつ知らないことについて重大な不注意（重過失）がないことが必要です。また、免除が認められる限度額も②の場合と同じです。ただ、責任の原因となった事実の内容、役員の職務の執行状況などを考慮して、特に必要がある場合でなければ、責任を軽減することはできません。

■ 役員などの責任を免除・軽減する制度

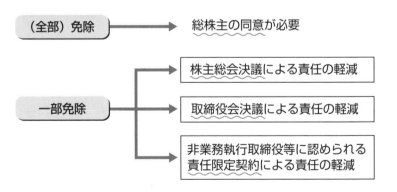

予め契約で取締役の責任を限定したいのですが、どんな取締役であっても責任限定契約を結ぶことは可能でしょうか。

業務を執行する取締役が責任限定契約を結ぶことは認められていません。

　任務懈怠に基づく責任については、予め務懈怠の責任を限定する契約（責任限定契約）を会社との間で結ぶことができます。

　ただし、責任限定契約を締結できるのは、業務執行取締役以外の取締役、会計参与、監査役、会計監査人に限られます。業務を執行する取締役については、「自ら業務に携わりながらその責任を予め限定するのは不適切」という観点から、対象者から外されています。

　なお、平成26年改正前の会社法では、責任限定契約を結ぶことができる取締役は社外取締役に限られていましたが、平成26年改正によって社外取締役であるかどうかに関わらず、業務を執行しない取締役とは責任限定契約を結べることになりました。

　責任限定契約を結ぶ手続きとしては、まず「職務を行う際に、非業務執行取締役などが任務懈怠を知らず（善意）、かつ知らないことについて重大な不注意（重過失）がない場合には責任限定契約を結ぶことができること」を定款に定めることになります。この契約を締結した場合、定款で定めた範囲内で予め会社が定めた額と前述した株主総会で決議した責任限度額（177ページ）のどちらか高い方を限度として責任を負うことになります。

第6章 ● 役員の義務・責任と損害賠償

Question 32 監査役は常に責任のすべてを負うのでしょうか。責任が軽減されることもあるのでしょうか。

Answer 予め責任限定契約を結ぶことができないかについて検討してみるとよいでしょう。

監査役が職務を怠った結果、会社に損害を与えた場合、監査役は会社に対する損害賠償責任を負わなければなりません。ただし、監査役も含めた役員等の責任については免除・軽減制度が認められています（177ページ）。具体的には以下のようになります。

まず、①監査役の責任を全額免除する場合には、株主総会で総株主の同意を得る必要があります。

次に、②その違反行為を行った監査役が違反であることを知らず（善意）、かつ、知らなかったことについて重大な不注意がないとき（無重過失）に限って、株主総会の特別決議によって、損害賠償責任を負うべき額から「報酬などの２年分」「退職慰労金などの一部」「新株予約権行使による利益」の合計額を控除した額を限度として免除することができます。

また、③法令や定款に違反する行為をした監査役が、その行為が違反であることを知らず、かつ、知らなかったことについて重大な不注意のないときは、取締役会の決議によって、一定の限度で責任を免除することができる旨を定款において定めることができます。ただ、責任の原因となる事実の内容と、違反行為をした監査役の職務遂行の状況その他の事情を考慮してとくに必要があると認められる場合でなければなりません。

取締役の任務懈怠によって取引先などの第三者に損害を与えた場合、役員はどんな責任を負うのでしょうか。

直接損害だけでなく間接損害についても第三者に対する損害賠償責任を負います。

　役員等の任務違反行為によって会社以外の第三者（株主や会社債権者）に損害が発生した場合、取締役も含め、役員等はその第三者に対しても責任を負わなければなりません。
　本来であれば、取締役と第三者との間には直接の契約関係がありませんから、取締役は第三者に対して民法上の不法行為責任を負うだけですむはずです。
　しかし、株式会社は経済社会の中で重要な地位を占めており、しかも、その活動は取締役ら役員の職務執行に大きく左右されます。取締役の任務懈怠があれば、会社だけでなく、第三者にも多大な損害を与える危険があります。そこで、会社法は、第三者を保護するために、取締役が直接、第三者に対して損害賠償責任を負う場合があることを認めています。

● 第三者に対する責任
　取締役に任務懈怠についての悪意（知りながら）または重過失（重大な不注意）があった場合に、それによって第三者が受けた損害を賠償する責任を負います。
　第三者に対する加害行為そのものが、故意や不注意によるものでなかったとしても、任務を怠ったことを知っていた場合や重大な不注意で知らなかった場合であれば、取締役の責任が認められ

ます。

　第三者に損害が発生するケースとしては、まず、取締役の行為によって直接第三者が損害を被る場合（直接損害）があります。

　次に、取締役の行為から１次的に会社が損害を受け、その結果として２次的に第三者が損害を受ける場合（間接損害）があります。たとえば、取締役の任務懈怠によって会社が倒産したため、会社に金銭を貸し付けていた人が貸金を回収できなくなったというような場合が間接損害の例です。

　第三者を強く保護する必要がありますから、取締役は、直接損害だけでなく間接損害についても責任を負うことになります。

●**第三者には株主も含まれる**

　取締役が責任を負うことになる「第三者」とは、取締役・会社以外の者という意味です。会社債権者はもちろん、株主も会社そのものではありませんから、第三者にあたります。また、会社の従業員も第三者に含まれます。

■ **取締役の第三者に対する責任**

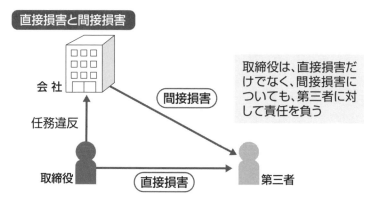

Question 34 会社法で規定されている役員等の第三者に対する責任は、民法の不法行為責任とどんな点が異なるのでしょうか。

 訴える側の立証責任については、役員等の第三者に対する責任の方が有利です。

　不法行為責任は、契約関係にあるかどうかを問わず、違法行為をした加害者が、被害者に対してその損害を賠償するという責任です。これに対して、役員等の第三者に対する責任は、役員等の職務行為について第三者に生じた損害を役員等に賠償させるものです。このように、不法行為責任と取締役の第三者に対する責任は別物です。そこで、たとえば、虚偽の事実を告げて取引を行い、取引相手に損害を与えたような場合には、不法行為責任と役員等の第三者に対する責任のどちらも追及することができます。

　不法行為の場合は、相手方が取締役の故意（わざと）や過失（不注意）を証明しなければなりませんが、役員等の第三者に対する責任の場合は、取締役が自分に任務懈怠についての悪意（知りながら）や重過失（重大な不注意）がないことを証明しなければなりません。被害を受けた相手方から見れば、証明の点では、役員等の第三者に対する責任を追及する方が有利だといえます。

　ただ、不法行為の場合は、過失があれば責任追及できますが、役員等の第三者に対する責任の場合は、重過失が必要とされる点で違いがあります。

Question 35 部下である従業員が犯罪行為や違法行為を行った場合、取締役が責任を負うこともあるのでしょうか。

取締役には部下の監督責任があるため、責任を負うことがあります。

　部下が会社の業務で犯罪行為を行った場合、それが取締役の指示によるものであればもちろん、取締役がそれを黙認した場合であっても、犯罪の手助けを行ったとして、取締役も刑事責任を負うこともあります。

　部下の犯罪行為を全く知らなかった取締役が、刑事責任を負うことはまずありません。しかし、その場合であっても、取締役は部下を監督する義務に違反していることになりますから、第三者に損害が出たのであれば第三者に対して、また、会社に損害が出たのであれば会社に対して、民事上の損害賠償責任を負う可能性はあります。知らなかったとはいえ、「取締役が十分に注意していれば部下の犯罪行為を防げたのにそれをしなかった」という落ち度が責任を負う理由になっています。

　なお、取締役には部下を監督するだけではなく、会社として法令を遵守するための体制を構築する義務があります。そしてその義務には、体制を作り、社会に情報を開示し、従業員などに周知徹底させることが含まれています。また、大企業では法的に定められた内部統制システムを構築しなければなりません。取締役には、犯罪行為や違法行為を事前に防ぐためのしくみ作りも求められているのです。

取締役が従業員にセクハラ行為をしたらどうなるのでしょうか。

損害賠償責任を負う他、取締役を解任される可能性もあります。

　取締役に限ったことではありませんが、社内での従業員との接し方には十分な注意が必要です。
　まず、注意しなければならないのはセクハラです。セクハラとは、セクシャルハラスメントの略で、相手方の意に反する性的嫌がらせです。何がセクハラにあたるのかの判断は非常に難しく、結局は、相手の受け止め方によると言わざるを得ません。セクハラだと言われないためには、日頃から、女性に対する発言に配慮することが重要です。セクハラは民法上の不法行為にあたります。この場合、セクハラ被害を受けた従業員は、セクハラをした取締役はもちろん、そのような人物を取締役として登用していた会社にも不法行為による損害賠償を求めることができます。また、会社と従業員の間で結ばれている労働契約には、会社が職場環境を整える義務が付随しています。そのため、セクハラを受けるような環境にあったのであれば、この義務に違反しているということで契約違反による損害賠償責任を負う可能性もあります。
　なお、会社が取締役からセクハラを受けた従業員に賠償金を支払った場合には、会社はその額を取締役本人に会社に支払うように求めることも可能です。問題となった取締役を株主総会で解任することもできます。

第６章 ● 役員の義務・責任と損害賠償

従業員が自殺した場合、会社や取締役に責任が生じることもあるのでしょうか。

ケースによっては会社や取締役に損害賠償責任が生じる可能性があります。

　仕事上のトラブルが原因で従業員が自殺してしまった場合、会社や取締役が責任を負うかどうかは、ケースごとに判断されることになります。

　たとえば、過労自殺のケースであれば、雇用契約に付随する義務違反として会社が損害賠償責任を負うことも考えられます。この場合、会社に損害賠償責任が発生したからといって、その損害を従業員の上司に負担させることは現実的には難しいといえます。

　また、部下の性格、過去の経歴から仕事上のトラブルがあれば自殺することが客観的にそして容易に予想できたにも関わらず、上司である取締役がそれに対して何の対策もしなかった場合も損害賠償責任を負わされる可能性もあります。ただ、損害賠償責任が発生するには、「従業員の性格を把握し、その従業員に対してこのようなことをすると自殺するだろうと予想できたにも関わらず、それをしなかった」ということを裁判で証明することが必要になるのですが、これは容易なことではありません。ですから、従業員の自殺について取締役が個人的に責任を負わないケースも十分あり得ます。

　一方、取締役が明らかに常識に反する行動をし、その結果、従業員が自殺したのであれば、損害賠償責任を負うことになります。

第7章

役員の違法行為の是正・罰則

 会社が違法行為を行っている場合、株主や監査役はどのように対処できるのでしょうか。

 要件を満たす株主は事前に差止請求をすることができます。

　取締役が法令や定款に違反する行為をした場合には、会社に対する損害賠償責任を負い、株主代表訴訟などによってその責任を追及されることについては、前述した通りです。
　しかし、このような取締役の責任追及は、違法行為がなされた後に、事後的にとられる手段です。
　会社法は事後的な手段の他に、取締役の違法行為がなされる前に事前にそれを防止する手段を認めています。それが、株主による違法行為差止請求権です。
　取締役が違法な行為をしようとしている場合、個々の株主は、会社のために、その行為をやめるように請求することができます。
　本来であれば、会社が自ら取締役の違法行為を差し止めるべきですが、会社の業務執行にたずさわっている取締役が、自分や他の取締役の違法行為を止めることは期待できません。そこで、株主に差止請求権が認められています。

●株主による違法行為差止請求の要件・手続き
　株主による違法行為差止請求が認められるのは、取締役が会社の目的の範囲外の行為や法令・定款に違反する行為をし、またはそのおそれがある場合で、その行為によって会社に著しい損害が生じるおそれがあるときです。監査役設置会社や監査等委員会設

置会社、指名委員会等設置会社では、「著しい損害」発生のおそれではなく、「回復することができない損害」発生のおそれがなければ、差止請求ができません。

　また、違法行為差止請求権は、公開会社の場合、6か月前から引き続き株式をもつ株主にだけ認められます。非公開会社の場合は、6か月の保有期間は不要です。

　差止請求は、裁判以外で行うこともできますが、裁判所に訴え（差止めの訴え）を提起して行うのが通常です。差止めの訴えは、株主が会社に代わって行うものですから、株主代表訴訟（193ページ）と同様のものと捉えることができます。株主が勝訴した場合も敗訴した場合も、その判決の効果は、会社に及びます。

　なお、指名委員会等設置会社においても、執行役が会社の目的の範囲外の行為や法令・定款に違反する行為をし、またはそのおそれがある場合で、その行為によって会社に回復することができない損害が生じるおそれがあるとき、6か月前から引き続き株式をもつ株主（非公開会社の場合は、6か月の保有期間は不要）は、執行役に対し、その行為をやめるよう請求することができます。

■ **違法行為の差止請求権**

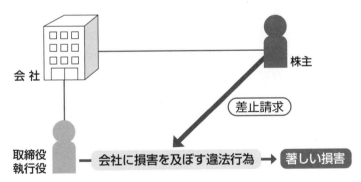

他の取締役や代表取締役の違法行為を是正手段として取締役や監査役はどんなことができるのでしょうか。

取締役の監視義務に基づく対応や、監査役の違法行為差止請求を検討します。

　取締役には、他の取締役を監視する義務があります。他の取締役の行動がおかしいと感じたら、その内容にもよりますが、事実関係を正確に把握することが先決です。違法行為などが発覚したら、それをやめさせ、会社への被害を最小限に抑えるように必要な措置をとる必要があります。

　また、取締役には、代表取締役を監視・監督する義務があります。取締役は代表取締役の行動がおかしいと感じたら、社内の関係者に報告を求めることもできます。場合によっては、取締役会を招集し、代表取締役の行動について議論することも必要で、状況によっては弁護士に相談することも必要です。

●監査役による違法行為差止請求権

　監査役は、取締役会に出席することができますから、取締役の違法行為を見つけることができる地位にあります。そこで、監査役にも、取締役の違法行為差止請求権が認められています。

　制度の趣旨は株主の違法行為差止請求権と同様です（188ページ）。監査役の違法行為差止請求権は、取締役が会社の目的の範囲外の行為その他法律や定款に違反する行為をし、または、それらの行為を行うおそれがあり、その行為によって会社に著しい損害が発生するおそれがある場合に認められます。

他の取締役の背任行為を阻止するためにはどうすればよいのでしょうか。

早急に取締役会を招集し、背任行為の是正について話し合う必要があります。

　取締役の背任行為は違法です。他の取締役の背任行為を知ったら、事をうやむやにしないで止めなければなりません。取締役は会社に対して忠実義務を負っていますし、代表取締役だけではなく他の代表権のない取締役に対する監視義務を負っていると考えられているため、背任行為を阻止し、その上で被害を最小限に食い止めるようにする義務があります。もし、他の取締役の背任行為を知っているにも関わらず適切な措置をとらないと、背任の共犯（幇助）と判断されることもあります。取締役が他の取締役の背任行為を阻止するには、いくつかの手段が考えられます。たとえば、取締役会を招集し、その場で説得してやめさせる方法があげられます。しかし、取締役会による話し合いでは改善されない場合で、背任行為をしているのが代表取締役であれば、取締役会の決議によって代表権を奪うこともできますし、他の役付取締役でも同じように役職を奪うことができます。

　また、背任行為をしたのが平取締役の場合は、株主総会を招集し背任行為をした取締役の解任決議を提案することもできます。さらに、監査役に相談して、差止請求をしてもらうことも考えられます。監査役には強大な権限がありますから、大きな効果が期待できます。

取締役に対して、解任まではいかないにしても、懲戒処分を科す場合、どのように科すものなのでしょうか。

取締役会の決議によって業務執行権をはく奪するなどの処分を科すことになります。

　取締役の解任については株主総会の決議が必要です。取締役が問題となる行為を行ったということで、解任したいという場合には、定時株主総会での決議、または臨時株主総会を招集する必要があります。会社法では、取締役の解任についてしか規定がされていません。

　解任ほど重い処分ではなく、何らかの処分をしたいという場合であっても、従業員のような就業規則に基づく懲戒処分を科すことはできません。取締役は雇用契約ではなく、委任契約を結んでおり、会社側であって従業員ではありませんから取締役には従業員の就業規則は適用されません。何らかの処分を行うとすれば、役職や業務執行権の剥奪などの処分を行うことになります。この場合は取締役会の決議のみで足り、懲戒処分のように処分対象行為を明記するなどといったことは必要ありません。

　取締役が問題行為を行ったからといって、代表取締役の独断で処分を行うことは、取締役会の結束を乱したり、株主には代表取締役のワンマンぶりしか目につかず、会社に対する印象を悪化させるおそれがあります。取締役会の決議に基づけば、その処分が経営陣の総意であることを内外によりきちんとした形で示すこともできます。

 どんな場合に株主から代表訴訟を提起されるのでしょうか。

 法令・定款違反により会社に損害が発生した場合です。

　株主代表訴訟とは、個々の株主が会社に代わって取締役らの責任を追及する訴えです。

　取締役による違法行為について他の取締役が責任を追及できればそれに越したことはありませんが、実際のところ、同じ仲間どうしである取締役で適正な責任追及をするのも困難です。そこで、会社法では、株主（＝会社）の利益を守る方法として、株主に取締役の責任を追及する手段が認められています。

　株主から責任追及等の訴えを提起されるのは以下の要件を満たした場合です。

① **取締役の違法行為**

　取締役の義務違反などの違法行為により会社に損害が生じた場合であることが必要です。

② **訴えを提起できる株主**

　訴えを提起できるのは6か月前から引き続き株式をもっている株主です（この期間は定款で短縮できる。非公開会社では、保有期間は不要）。

③ **会社への責任追及の請求**

　株主から、「取締役○○に対して訴えを起こすことを求める」ことを内容とする書面が会社に届きます。その後、請求の日から

60日以内に、会社として違法行為を行った取締役に対して訴えを提起しない場合に、株主から責任追及等の訴えを提起されることになります。会社は取締役の責任を追及する訴えを提起しない場合には、当該訴えを請求した株主などから請求があれば、請求した株主などに、訴えを提訴しないその理由を書面などの方法で通知しなければなりません。

④ **不正な利益・加害の目的がないこと**

株主や第三者の不正な利益を図る目的や会社に損害を与える目的での株主代表訴訟は認められません。

●**責任追及の訴えを提起するように請求された会社の対応**

請求を受けた会社は、責任追及をするかしないかを事実関係を調査した上で、判断することになります。株主の請求が権利を濫用したものである可能性もありますから、十分に検討の上、60日以内に判断しなければなりません。

■ **株主代表訴訟（責任追及等の訴え）**

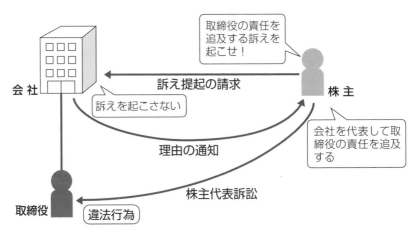

代表訴訟で勝訴した取締役が株主に責任追及することはできるのでしょうか。

原則として勝訴しても株主に責任追及することはできません。

　株主代表訴訟（責任追及等の訴え）は、株主が会社を代表して会社のために起こすものなので、判決の効果は、勝訴・敗訴共に会社に及びます。勝訴をしても訴えた株主は、自己に賠償するように請求することはできず、会社へ賠償するように請求できるにすぎません。株主代表訴訟を起こした株主が勝訴した場合、会社は、株主側に生じたその訴訟についての必要な費用（訴訟費用を除く）や弁護士報酬についても、その費用や報酬額の範囲内で相当と認められる額の支払いを請求されることがあります。また、株主代表訴訟を起こした株主が敗訴した場合であっても、取締役に責任がないことを知っていた（悪意）場合でない限り、会社は、訴えを起こした株主に対して訴えによって会社に生じた損害賠償を請求することはできません。敗訴の責任を限定的なものにすることによって、株主がためらいなく、訴えを提起できるようにするためです。

　ただし、会社と株主が共謀して会社の権利を害することを目的に株主代表訴訟の判決を確定させたような場合には、適切な判決とはいえません。そのため、このような場合には、当事者以外の会社や株主は再審の訴えを提起することができます。

第7章 ● 役員の違法行為の是正・罰則　　195

株主代表訴訟の被告とされてしまった取締役としては、どのように対応すればよいのでしょうか。

すぐに弁護士などの法律専門家に相談して今後の対応について話し合う事が必要です。

　株主代表訴訟の対象となってしまった取締役は、訴状などが裁判所から送られてきた場合には、弁護士に相談する必要があります。顧問弁護士がいるような会社であれば、すぐに顧問弁護士に相談することが可能ですが、顧問弁護士などがいない会社であれば、裁判所で1回目の裁判が開かれるまでの時間が限られていますから、できるだけ早く会社関係の訴訟に強い弁護士を見つけることが大切です。

　裁判が始まるまでの間に、弁護士と相談する際には、まずは訴状を確認して、どのような内容で損害賠償請求を受けているのかを検討する必要があります。弁護士には、真実をありのままに話すことが必要です。また、証拠となる客観的な資料を弁護士に見せて、裁判への対応と今後の見通しを検討すべきです。

　取締役自身に不利になるようなことがあっても、真実を弁護士に話しておかないと、弁護士が裁判で弁護をするときに方針を誤ってしまい、敗訴することがあります。したがって、弁護士には、本当のことを話すべきです。弁護士は守秘義務を負っていますから、正直に話す必要があります。

　いずれにしろ、有効な対応策を弁護士とよく相談して、無意味にトラブルが拡大しないようにしていくことが必要です。

取締役への嫌がらせで代表訴訟が提起されてしまいました。どうすればよいのでしょうか。

裁判所に担保提供命令を出すように申し立てることができます。

　株主の訴えに事実的・法律的な根拠がないと考えるのであれば、株主代表訴訟の被告となった取締役は、訴訟の係属している裁判所に対して、原告に担保の提供を命じるように請求することができます。担保の提供とは、金銭を裁判所に対して預けることです。裁判所は、訴えが事実的・法律的な根拠のないものであると判断した場合には、担保の提供を原告である株主に求めます。裁判所が原告に対して担保提供を命令した場合、原告が担保を提供しなければ株主代表訴訟は却下されてしまいます。

　担保提供命令が出る場合の判断基準にはっきりしたものはありませんが、「取締役を個人的に恨んでいる」「株主が自分自身の利益だけを追求している」「単なる嫌がらせ」などのように、株主の正当な権利の行使でない場合は、事実的・法律的な根拠がない（悪意の場合）とされ、担保提供命令が出されます。担保提供命令が出されると、株主は訴訟を継続することをあきらめてしまう場合もあります。裁判所はその訴訟を「事実的・法律的根拠がない可能性が高い」などと判断をしているため、その印象をひっくり返すだけの証拠などを株主側で用意するのは難しいからです。取締役側からすれば、まず、担保提供命令を勝ち取ることを検討してみるとよいでしょう。

とりあえず株主代表訴訟に応じ、うまく和解に持ち込みたいと考えているのですが、どんな点に注意すればよいのでしょうか。

和解することは可能ですが、なれあい訴訟を防ぐための制度が用意されています。

　役員の立場にある者としては、株主代表訴訟を起こされたとしても、「白黒つけず早々に和解して決着させればよい」と思うかもしれません。しかし、会社法は、株主と取締役がなれあいで訴えを起こし、和解することによって取締役の責任追及をうやむやにする「なれあい訴訟」を防ぐための手段を用意しています。

　まず、株主代表訴訟が提起されたとき、株主は、すぐに会社に対し訴訟が係属したことを通知（訴訟告知）しなければなりません。訴訟告知を受けた会社は、遅滞なく、これを公告・通知して他の株主に知らせなければなりません。通知を受けた会社や株主は、自らが訴訟の当事者となって、あるいは、株主か取締役のどちらかの手助けをするために訴訟の途中で、訴訟に参加することができます（訴訟参加）。また、会社の権利を害する目的をもって判決を確定させたような場合には再審の訴えを提起される可能性もあります（195ページ）。

　ただし、株主代表訴訟では一切和解ができないという意味ではなく、お互いの主張を譲歩し合って紛争を決着させることは可能です。訴訟をむやみに長引かせるのは株主にとっても不利益であるため、早期解決を図るため、実際の株主代表訴訟での和解は取締役の責任を軽減、あるいは免除する結果となるのが通常です。

Question 10 取締役を退任した後に、株主代表訴訟を提起されたのですが、責任を問われることはあるのでしょうか。

 退任後も取締役在任中の行為に関する責任については問われる可能性があります。

　株主代表訴訟では、取締役が退任していても取締役在任中に起きた行為についての責任追及はできます。その責任が時効によって消滅しない限り、退任後も責任を問われることはあり得るのです。
　株主代表訴訟は、本人である取締役が死亡した後でも、遺族を被告として訴えることもできます。遺族は遺産を相続することになっていますが、資産だけでなく、債務も相続しなければならないからです。遺族が訴えられた場合、遺族としては、亡くなった取締役が会社でやってきたことは知りませんし、「何でいまさら死んだ人を訴えるんだ」と理不尽に思うかもしれません。万が一遺族が訴えられて、訴訟の見通しがたたない場合には、遺族としては、相続を放棄できるとき（原則として相続開始を知ったときから3か月間）には、相続を放棄するなどの手続きをすることで対応していくしかないでしょう。そのまま承認すれば、責任を追及される遺族もいるからです。
　取締役退任後に自分自身や遺族が株主代表訴訟に巻き込まれることがないようにするためにも、取締役在職中は取締役の責任を常に意識することが大切です。そして法令及び定款を遵守しながら職務を遂行し、取締役在任中はもちろん退任後においても責任追及をされないように心がける事が必要です。

Question 11 役員賠償責任保険の特約に加入することは可能でしょうか。

 最近では加入する方が多く、一部自己負担という事もありますが可能です。

　大企業など株主数が多い会社では、取締役の責任の軽減と免除のために株主全員の同意を得ることは事実上不可能です。取締役の行為は仮に適法行為であっても、結果として会社に損害を生じさせてしまうと損害賠償責任を負う事もあります。また、株主代表訴訟で取締役に請求された損害賠償が認められると、それがいかに高額であっても、全額賠償する責任があることになります。取締役個人の資産でとても支払いきれる額ではありません。そこで、個人の負担する損害賠償の負担を保険でまかなうことが活用されています。損害保険会社には、「役員賠償責任保険」があり、株主代表訴訟で損害賠償される事態に備えて、取締役に就任する際に保険に加入する役員が最近では増加しています。損害賠償責任はもちろん、弁護士費用まで出してもらえるものが一般的です。

　どのような場合に保険金がおりないのかという説明（免責事項）が「保険約款」というルールに記載されていますので、加入するときには、よく確認する必要があります。

　保険料ですが、会社に払ってもらえる部分もありますが、実際は、取締役が負担していることが多いといえます。保険料を負担していますから、役員報酬の中で、保険料の負担分を上乗せしてもらうように考慮してもらえればよいでしょう。

株主が持ち株会社の場合、現実的に訴訟提起は考えにくいのですが、株主代表訴訟を起こされることはないのでしょうか。

平成26年改正で新設された多重代表訴訟制度が活用される可能性があります。

　多重代表訴訟制度は、平成26年の会社法改正で新設された親会社の株主が子会社や孫会社の取締役の責任を追及できる制度です。たとえば、株式会社△△ホールディングスがすべての株式を保有する○×株式会社が不祥事を起こしたとします。この場合、○×株式会社の取締役に善管注意義務や忠実義務違反があれば、株主である△△ホールディングスから○×株式会社の取締役等に対し訴訟によって任務懈怠責任が追及できます。

　しかし、実際には親会社がすべての株式を保有する完全子会社という関係では責任追及等の訴えが行われることは到底期待できません。このことから、親子会社関係にある場合、現行会社法会社法に規定される株主代表訴訟の制度が機能せずに、子会社取締役等は責任追及を免れることになります。この場合、子会社の取締役等は子会社の業務執行や決定の権限を有しているにも関わらず、責任追及はされないという不公正な状態にあったわけです。このような事情をふまえて設けられたのが多重代表訴訟制度です。

●原告・被告になるのはどんな者か
　多重代表訴訟では、任務懈怠などの責任追及訴えの提起をする者（原告）を親会社株主としています。具体的には、子会社の株式全部を、直接的あるいは完全子会社等を介して間接的に保有し

第7章 ● 役員の違法行為の是正・罰則

ている最上位株式会社の株主（最終完全親会社等といいます）に原告適格を認めています。逆に、不祥事を起こした子会社の株式が一部でも最終完全親会社等以外の者に保有されている場合は、原告にはなり得ません。なお、最終完全親会社等の要件は不祥事のあった日と訴えの提起日、いずれの時点でも満たしている必要があり、最終完全親会社等は国内の株式会社（日本の会社法に基づき設立された株式会社）でなければなりません。

　これらの要件を満たす最終完全親会社等の株主のうち、総株主の議決権の1％以上の議決権を有する株主か、発行済株式の1％以上の株式を有する株主が多重代表訴訟を提訴することができます。

　次に、多重代表訴訟によって任務懈怠などの責任追及をされる者（被告）ですが、これは、最終完全親会社等の重要な完全子会社の取締役等とされています。具体的には、最終完全親会社等・完全子会社等が有する当該子会社の株式の帳簿価額が、最終完全親会社等の総資産額の5分の1を超えている場合に重要な完全子会社として扱われます。

■ **多重代表訴訟のしくみ**

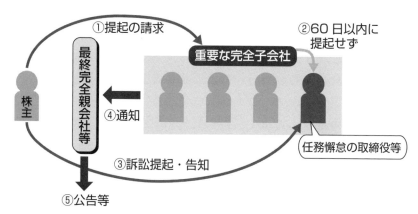

多重代表訴訟の手続きはどのように行われるのでしょうか。

会社が役員に訴えを提起しない場合に親会社株主が訴えを提起できます。

　実際に最終完全親会社等の株主が多重代表訴訟を提起する手続きについて見ていきましょう。たとえば、○×株式会社に不祥事があった場合は、(○×株式会社の最終完全親会社等である) △△ホールディングスの株主より、○×株式会社の取締役等の責任追及をする訴えを提起するよう○×株式会社に対して請求します。この請求を受けてから60日以内に○×株式会社が○×株式会社の取締役等に対して訴えを提起しない場合、△△ホールディングスの株主が訴訟提起をすることができるようになります。

　なお、通常の株主代表訴訟では、「株主会社への訴訟告知」と「株主に対する公告・通知」という手続きを経る必要があります。具体的には提訴する株主から株式会社への訴訟告知が行われ、告知を受けた株式会社は、公告を行うか株主に通知する方法により、すべての株主に株主代表訴訟が行われることを知らせることになります。この手続きについては、まず、多重代表訴訟を提起した△△ホールディングスの株主から、○×株式会社に訴訟告知を行います。告知を受けた○×株式会社は、△△ホールディングスに通知を行い、通知を受けた△△ホールディングスが、公告を行うか△△ホールディングスのすべての株主に多重代表訴訟が行われることを通知しなければならないことになります。

 旧株主による責任追及等の訴えとはどんな訴えなのでしょうか。

 株主交換などにより株主でなくなった後であっても原告適格を認める制度です。

　株式交換や株式移転等によって会社の株主でなくなった場合でも、当該会社の完全親会社株式が交付されているときには、一定の範囲で訴訟の提起を行うことができる訴えのことです。平成26年の会社法改正で新設されました。たとえば、株主代表訴訟を行う際に、判決確定前に被告役員の会社が株式移転等をすると、原告株主は当該会社の株主でなくなってしまい、原告適格を失うことになります。これでは、恣意的に株式交換や株式移転を実行することで株主代表訴訟を免れることが実質的に可能になります。このような株式交換・株式移転によって失われる原告適格を補うために、新たに設けられたのが旧株主による責任追及の訴えです。

　ただし、現在の会社法でも株主代表訴訟提起後に株式交換・株式移転があり、原告の株主に新設会社の株式が交付されるのであれば、利害関係は継続し続けるために引き続き責任追及の訴えを起こすことができる旨が定められています。新たな改正の重要ポイントは、株主代表訴訟が実際に提起されていない（準備中の）場合であっても、株式交換・株式移転等が行われる前に取締役等の責任が生じており、株式交換・株式移転等の効力発生時点で、訴訟提起を行う要件を有していた株主であれば、旧株主による責任追及等の訴えが提起できるという点にあります。

取締役にはどんな罰則が科されるのでしょうか。

刑法、会社法で定められた罰則が科されます。

会社法では、会社の健全性を守るため、以下のような違法な行為を行った役員らに対して刑罰を科すものとしています。

① 取締役らの背任行為

背任行為とは、本人や第三者の利益を図り又は会社に損害を加える目的でその任務に背く行為をすることです。取締役が任務に背く行為をすると特別背任罪となります。

② 会社財産に対する罪

「会社財産を危うくする罪」と「預合いの罪」があります。預合いとは、発起人らが銀行と示し合わせ、帳簿上借入れをし、それを払込みにあてる形をとり、この借入れを返済するまでは預金を引き出さないことを約束する行為をいいます。

③ 株式などに関する罪

発起人や取締役らが株式などの募集に関して虚偽の記載・記録をした場合に罰則が科されます。

④ 汚職・不正な利益供与の罪

贈収賄罪と利益供与罪がこれにあたります。

⑤ 情報開示を怠った場合

役員らが登記、公告、通知、報告などの情報開示を怠った場合、100万円以下の過料に処せられます。

⑥ その他

「業務停止命令違反の罪」「虚偽届出等の罪」などがあります。業務停止命令違反の罪には、100万円以下の罰金または1年以下の懲役が科されます。また、取締役が会社のお金を持ち出して使ってしまった場合は、業務上横領罪になり、会社にも損害を与えているので、民事上の損害賠償責任も負うことになります。

■ 主な罰則規定

罪　名	主　体	行　為	罰　則
特別背任罪	発起人、取締役、執行役、監査役、会計参与　など	自己または第三者の利益を図る目的、会社に損害を加える目的で、任務に背く行為をし、会社に損害を加えること	10年以下の懲役または1000万円以下の罰金（両方の場合もある）
会社財産を危うくする罪	発起人、取締役、執行役、監査役、会計参与　など	株式などの引受による払込に際して、裁判所や総会で虚偽の申述、事実の隠ぺいをすること	5年以下の懲役または500万円以下の罰金（両方の場合もある）
	取締役、執行役、監査役、会計参与など	①会社の計算で不正に株式を取得すること、②法令・定款に反する剰余金の配当、③会社の目的範囲外の投機取引のための会社財産の処分	
預合い罪	発起人などや払込取扱機関	発起人らと払込取扱機関が通謀して、帳簿上、借入金の払込があったものとし、借入金の返済が済むまでその払戻しをしないとの約束をすること	5年以下の懲役または500万円以下の罰金（両方の場合もある）
贈収賄罪	発起人、設立時取締役、設立時監査役など	職務上、不正の請託（依頼）を受け、財産上の利益を収受し（受取り）、または要求・約束をすること	5年以下の懲役または500万円以下の罰金
	右の行為をしたもの	株主らの権利行使に関し、上の行為をすること	5年以下の懲役または500万円以下の罰金
株主の権利行使に関する利益供与の罪	取締役、執行役、監査役、会計参与など	株主の権利行使に関し、会社（子会社）の計算で財産上の利益を与えること	3年以下の懲役または300万円以下の罰金
	右の行為をした者	上の行為の実行について、威迫（脅し）すること	5年以下の懲役または500万円以下の罰金（両方の場合もある）

総会対策の意味も込めて、主に大株主と親しい関係を築いておきたいのですが、気をつけた方がよいことはありますか。

株主に対する利益供与にならないよう注意しなければなりません。

　利益供与とは、会社が株主の権利行使に関して、株主などに財産上の利益を与えることです。このような行為は、会社財産を浪費するものであり、会社経営の健全性を損ないます。そこで、会社法は利益供与を禁止し、取締役に重い責任を課すと共に、厳しい罰則を用意しています。

　たとえば、株主総会の混乱を避けるために、総会屋の要求に応じて金品を与えるといったケースがあります。

　なお、会社が特定の株主に無償で財産上の利益を与えた場合には、株主の権利行使に関して利益供与があったものと推定されます。また、有償で財産上の利益が供与された場合であっても、会社の受けた利益が与えた利益よりも著しく少ない場合（つまり、実質的に見て無償といえる場合）には、やはり、株主の権利行使に関して利益供与がなされたものと推定されます。

　利益供与に関わった取締役は連帯して、供与した利益に相当する金額を会社に返さなければなりません。

　利益供与を行った取締役本人は、過失（不注意）がなくても責任を負います。なお、利益供与に関与した取締役の責任は、総株主の同意がなければ免除できません。

 **決算書の作成にあたり、疑念を抱く経費処理がいくつか発覚したのですが、放置しておくと後で問題が生じるのでしょうか。**

 粉飾決算などに該当する場合は、直接関与していなくても、責任を負う可能性があります。

　会社が行った経費処理が粉飾決算や脱税にあたる疑いがある場合は、放置すべきではありません。なぜなら、取締役は、たとえ自身が直接関与していないとしても、違法行為により会社が負った損害の責任を負う可能性が高いからです。

　粉飾決算は、不正に改ざんされた決算情報を信用した取引先が取引を拡大したり、出資者が出資を増大したりして、結果として取引先や出資者が不利益を被るおそれがあるため違法です。粉飾決算は、発覚したときの信用の失墜は相当に大きく、今後の取引ができなくなることもあります。したがって、取締役は重大な経営責任を負うことになります。

　なお、粉飾決算の結果、会社に財産上の損害を与えた場合には、特別背任罪として刑事上の責任を追及されることがあります。

　会社が行った経費処理が脱税につながる場合は、会社自体に罰金などの刑事罰を受けるだけでなく、さらに脱税をした分の追徴課税などを徴収されます。また、脱税に関与した取締役も、特別背任罪などの刑事罰に問われ、会社の損害に対して、株主から損害賠償責任を追及される可能性があります。

Question 18 粉飾決算とは逆に利益を少なく見せることは問題が生じるのでしょうか。

　刑事責任だけでなく、損害賠償責任、社会的な信用失墜など多くの影響を受ける可能性があります。

　粉飾決算とは逆に、利益を小さく見せる決算（逆粉飾決算）もあります。これは、税金対策や何らかの理由で株価を下げたい場合にとられる手法です。利益を小さくすれば、課税対象額が小さくなりますから、法人税が減ります。

　しかし、この方法は、節税ではなく脱税ですから、法人税法違反となり、10年以下の懲役または1000万円以下の罰金が科されることになります（会社の経営者には懲役と罰金、会社自体には罰金が科せられます）。その上、重加算税などの重いペナルティが課される可能性もあります。逆粉飾決算の結果、会社に損害が生じた場合、その決算決議に賛成した取締役はその損害を賠償する責任を負うと共に、刑事責任を問われる可能性も出てきます。

　なお、利益を小さく見せる行為は、会社の価値を下げる行為であり、株主に対する背信行為です。株価の下落による損失について、株主から賠償を求められる可能性もあります。また、不正を行った会社として、社会からの信用を失墜させることになります。法律上の影響だけではなく、社会的な影響についても問題が生じるといわざるを得ません。

Question 19 総会屋からの接触があった場合に備え、取締役としてどんな対策をとったらよいのでしょうか。

Answer 接触を避け、悪質な場合は警察や弁護士などに相談しましょう。

会社を攻撃する総会屋（野党総会屋）は、経営者のスキャンダルにつけ込みます。スキャンダルをばらされたくない経営者は、総会屋に金銭を支払って、ことを丸く収めようとするのです。これとは反対に、会社に協力する総会屋（与党総会屋）もいます。経営者は自己の保身のために、味方になってもらえる総会屋に金銭を支払って、協力を依頼するのです。

会社が総会屋の要求に応じて金銭を支払うと、利益供与罪として刑事罰にも処せられます。実質的に見て会社の財産から支払われたといえる利益の供与は、禁止されています。形式的に取締役のポケットマネーであっても、供与した金額分の金銭が交際費の支払いや賞与などの名目で実質的に、取締役に対して与えられていれば、会社の財産から供与されたことになり、利益供与罪が成立します。取締役は供与した利益額を会社に弁償しなければなりません。

最近は、悪質な総会屋による被害は少なくなってきているようですが、一度、妥協してしまうと縁を切ることがなかなか難しくなるので、注意しましょう。しつこい場合には、刑法の脅迫罪や恐喝罪にあたる可能性もありますので、警察に通報するか弁護士に相談すべきです。

Question 20 政治献金を行う場合に何か問題があるのでしょうか。

献金の額や目的が不相当な場合は取締役として責任を負う可能性があります。

　政治献金とは、政治家が円滑に政治活動を行うことができるように、国民が資金を寄付することをいいます。政治献金については、「政治資金規正法」という法律があります。

　過去に取締役が会社として政治献金をすることが違法かどうかが問題になった裁判がありましたが、その裁判で最高裁判所は、会社も政治資金を寄付できるとしつつ、取締役が会社の機関として政治献金をすることは、特段の事情のない限り、取締役の地位を利用した私的な利益追求の行為とはいえず忠実義務違反にはあたらないと判断しています。

　政治資金規正法に従った献金を行えば何の問題もないように思えますが、たとえば、不正な目的があるなど賄賂性があったり、取締役本人や他人に利益をもたらすような場合には、政治献金に関わった取締役が、何らかの責任を問われることがあります。会社の献金額が常識を超えるような多額の場合は、政治資金規正法によって罰せられることがありますし、関わった取締役も、罰せられるばかりでなく、忠実に職務を遂行する義務を怠ったとして民事上の責任も問われることになります。

　このように取締役による政治献金は、その目的の内容や金額により取締役としての責任が問われるか否かが判断されるようです。

取締役は公務員ではないので、金品などを受け取っても収賄罪に問われることはないと考えているのですが、大丈夫でしょうか。

民間会社の取締役であれ、会社の利益に反する行為なので収賄罪に問われます。

　賄賂を受け取ること（収賄）は、政治家や官僚といった公的な職に就いている人だけが犯す犯罪ではありません。民間会社の取締役も、職務に関して会社の利益に反する依頼を受けて、金銭等の財産上の利益を受けると収賄罪になり、5年以下の懲役または500万円以下の罰金に処せられます（会社法967条）。職務の範囲は、自分の担当業務に関するものだけではありません。会社経営に関するすべての行為になります。

　賄賂を贈ることについては、金銭を授受し、便宜を図ってもらうという行為自体が刑法に違反する行為です。また、定款に記載された会社の目的の範囲に含まれない行為ですから、「法令・定款違反行為」にあたります。定款に違反した行為ということは、株主からその損害を賠償請求されることもあり得ます。

　また、契約成立の謝礼として受け取る金銭や、本来の取引額に一定額を上乗せする金銭のことをリベートと呼ぶことがあります。リベートは多くの場合、会社の利益に反するものであるため、取締役などがリベートを受け取ると特別背任罪が成立することになります。リベートが自分の職務と関係する違法な依頼の結果であれば、取締役に収賄罪が成立します。

第8章

その他役員が知っておくべき法律問題

株主総会対策のために、役員はどんな準備をしておけばよいのでしょうか。

あらゆるケースを想定してシミュレーションしておくことが大切です。

　株主総会において、役員は株主から質問をされた場合には、質問内容について説明する義務を負っています。役員と一言でいっても、それぞれ専門は異なりますし、実際に説明をする際には、役員ごとに説明義務の範囲も異なります。

　したがって、議長は、どういった質問にどの役員がどの程度説明をしなければならないのかを頭に入れておくか、会社に顧問弁護士がいる場合には、弁護士の助言を得ておいて、当日各質問に対して適切な役員を指名して説明させるように議事を進行していかなければなりません。これはいきなり当日にできることではありませんから、当然、事前に役回りを決めておくことになります。時間的に余裕がある場合には、想定し得るすべての具体的な質問について、それぞれの担当役員を決めて回答案も考えておくのが理想といえます。ただ、想定し得る質問をすべて考えたつもりでも、やはり想定外の質問が出される可能性はあります。したがって、質問内容によって範囲を分けてそれぞれの範囲について担当する役員を決めておくのが現実的な対応といえるでしょう。

　また、担当役員以外の取締役は一歩引いた位置から全体の進行状況を把握して、当日議事の進行役となる議長がスムーズに職務を行うことができるように支援するなどの行動が期待されます。

取締役は株主総会でどんな事項について説明義務を負うのでしょうか。

報告事項と決議事項について明確に回答することになります。

　取締役は、株主総会当日に株主から一定の事項についての説明を求められた場合、応じなければなりません。

　取締役等が説明しなければならない事項としては、株主総会でとりあげられる報告事項と決議事項があります。

　このうち報告事項とは、会社から株主に対して報告しなければならないとされている事項で、株主総会の目的事項の範囲内のものです。決議事項とは、株主総会で議案としてとりあげる事項です。最終的には、この決議事項について、株主総会で株主が賛成か反対かの意思を示すことになります。

　取締役等は、報告事項について説明を求められた場合には、株主に内容を理解してもらえるようにわかりやすく説明する必要があります。一方、決議事項についての説明を求められた場合には、株主が議案について賛成するのかあるいは反対するのかを決定できるように説明する必要があります。

●事前質問への対応

　事前質問とは、株主が、株主総会当日よりも相当の期間前に、特定の事項について会社に対して説明を求めることをいいます。事前質問には株主総会当日の質問内容を会社に知らせる事前通知の意味があります。

株主総会当日に、株主から一定の事項について質問を受けた場合、調査をしなければ質問に対して回答することができない場合には役員は説明しなくてもよい、とされています。しかし、事前に質問が寄せられていた場合には、いきなり当日に質問された場合とは異なって、十分に調査する期間はあったはずですから、調査を要するという理由で説明を拒否することができなくなります。
　したがって、事前に質問が寄せられている場合の対応としては、すべての質問に対して株主総会までの間に回答を準備しておくのが現実的です。

● **社外取締役を置くことが相当でないことの説明**

　平成26年に会社法の一部が改正され、一部の企業は社外取締役を置くことが相当でないことを説明しなければならなくなりました。改正の一部の具体的な内容は、「公開会社かつ大会社で、有価証券報告書の提出義務を負う会社（以下「対象会社」という）は、社外取締役を選任するか、選任しない場合には、社外取締役を置くことを相当でない理由を、定時株主総会で説明しなければならない」という規定です。

■ **取締役の説明義務**

原則	説明義務あり
例外	①株主総会の目的である事項に関しない質問 ②説明により株主の利益を著しく害するもの　→ 説明義務なし ③説明をするために調査が必要なもの

➡ ただし、③については、事前質問があった場合には説明できるように株主総会までに回答を準備しておく必要がある

株主総会において、議長はどんな役割を果たすのでしょうか。

議事整理権、秩序維持権、退場命令権の行使により円滑に議事を進めます。

　株主総会の議事の進行は議長が行います。誰が議長となるかは、定款の定めに従い、定款に規定がない場合には、その株主総会の場で議長を選任することになります。実務上は、定款に議長を定めておくのが一般的です。また、たいていの会社ではその会社の代表取締役が議長となります。

　議長には、株主総会の議事を円滑に進めて秩序を維持する役割を果たすために必要な権限として、議事整理権、秩序維持権、退場命令権が認められています。

　議事整理権とは、議事を円滑かつ適正に進める権限をいいます。議長はこの権限に基づいて、たとえば、同じ質問を繰り返す株主に対しては質問を簡潔にまとめるように促したり、1人でいくつもの質問をし続ける株主に対しては質問の区切りを定めます。不適切なヤジや大声で議事の進行を妨害する株主に対しては、議長は秩序維持権に基づき、やめるように説得し、警告を発する権限を持ちます。この秩序維持権を行使しても妨害がやまない場合、議長は退場命令権を行使して、問題の株主を退場させることもできます。これらの権限行使の際には、株主間に不公平が生じないようにすると共に、株主の有する権利を不当に侵害しないように細心の注意を払う必要があります。

Question 4 株主総会決議に定款違反や法律違反があったことが後日判明した場合、その総会決議はどのように扱われるのでしょうか。

無効・不存在・取消の訴えにより決議の効力が否定される可能性があります。

　株主総会の決議に関する訴訟は、株主総会決議不存在確認の訴え、株主総会決議無効確認の訴え、株主総会決議取消の訴えの3種類が用意されています。

　株主総会決議不存在確認の訴えは、「不存在」とあるように、主に、株主総会が存在していなかったにも関わらずさも総会があったかのような外観が作られている場合に提起されます。株主総会が存在していなかったことが認められると、株主総会で成立したとされる決議はなかったものとして扱われることになります。

　株主総会決議無効確認の訴えは、株主総会自体は開催されたと評価できるものの、そこでなされた決議の内容が法令違反であるような場合に提起されます。法令違反の決議であったことが認められると、その決議は無効となります。

　株主総会決議取消の訴えは、①株主総会招集の手続き・決議の方法に関して法令・定款に違反し、著しく不公正な場合、②株主総会の決議の内容が定款に違反している場合、③決議の際に特別利害関係人である株主が議決権を行使したために著しく不当な決議がなされた場合に、認められる訴えです。この訴えが認められると、有効に成立していた決議が取り消され、その決議は、遡って無効なものになります。

株主や債権者から総会議事録や定款、計算書類の閲覧・コピーを請求された場合には応じなければならないのでしょうか。

各書類には保管義務があり、株主や債権者の閲覧請求には応じなければなりません。

　株主総会議事録の原本は、株主総会の日から10年間、その会社の本店に備え置くことが義務付けられています。会社は作成した株主総会議事録や定款を備え置く義務を負っています。また、定款については会社が存続する限り、保存しなければなりません。期間中に、株主や債権者が株主総会議事録や定款の閲覧・謄写を請求した場合、会社は請求者が株主や債権者であることを確認した上で、会社は営業時間内であればいつでもその請求に応じなければなりません。

　計算書類についても株主や債権者は、株式会社の営業時間内であれば、いつでも閲覧やコピーの請求をすることができます。計算書類とは、貸借対照表、損益計算書、株主資本等変動計算書、個別注記表のことです。定時株主総会に関する書類（計算書類、事業報告など）の原本の（本店での）備置期間は、株主総会の日の２週間前の日から５年間、写しの（支店での）備置期間は、株主総会の日の２週間前の日から３年間となっています（取締役会設置会社の場合）。

　なお、会社の親会社の社員が権利を行使するために必要でかつ裁判所の許可を得た上で計算書類や事業報告の閲覧・謄写請求をしてきた場合にも、その請求に応じなければなりません。

事業をさらに成長・発展させるにあたって、現状の体制では限界があるのですが、どんな手法を検討する必要があるのでしょうか。

M&Aによる事業の買収や整理を進めることも念頭に置く必要があります。

　企業は、時代状況や経営情勢をふまえて、事業の拡大・縮小、経営統合、不採算部門からの撤退など、組織のあり方を見直さなければなりません。特に役員の立場にある者は、M&Aなど、事業再編の種類と手続きについて知っておく必要があるでしょう。

　M&Aとは、「Mergers And Acquisitions」の略で、「合併と企業買収」を意味する言葉です。M&Aといえば、企業買収、合併、事業譲渡などが代表的です。さらに、M&Aを実行する際には、MBO（マネジメントバイアウト）、株式交換、会社分割などの細かい手法も活用されています。現在、日本において、M&Aは、様々な経営課題を解決するための有効な手段として活用されています。具体的には、新技術やノウハウの獲得、市場シェアの拡大、事業の整理統合など幅広い目的でM&Aが活用されています。

　M&A（事業譲渡や企業買収）を活用することで、企業は、事業の拡大、中核事業の強化などをめざします。それらの目的を達成するには、買収などの対象になる会社が営む事業が、何らかの価値を持っている必要があります。ここでいう価値とは、商品開発力、ブランド力、販売網、知名度などです。M&Aの代表的な手法としては、合併、株式取得による買収、株式交換、事業譲渡、会社分割といったものがあります。

Question 7 中心事業の強化のため、企業買収を検討しているのですが、どんな点に注意が必要でしょうか。

メリット・デメリットもふまえた上で慎重に交渉を進める必要があります。

　合併とは、複数の会社が1つの会社になることです。合併には吸収合併と新設合併があります。吸収合併は、合併する複数の会社のうちの1社が存続して他の会社を吸収する方式です。新設合併とは、新しい会社を作って合併する複数の会社が新会社に吸収される方式です。いずれの場合も吸収された会社は消滅します。一般的には、吸収合併を利用されるケースが多いようです。

　合併のメリットとしてまず挙げられるのが事業規模の拡大です。事業規模が大きくなれば、資金余力が生まれます。そのため、ある事業が赤字でも他の事業から上がる収益により建て直すことができます。異なった地域で事業を展開している会社同士が合併すれば、広域展開により、会社の知名度アップを図ることもできます。一方、企業風土が異なる会社同士が合併すると経営陣や従業員の間に派閥争いが起こり、現場が混乱して、事業遂行に支障が出るおそれがあるため、事前の慎重な検討が必要です。

　合併の流れはおおむね、①合併契約の締結→②合併契約に関する資料の開示→③株主総会の特別決議→④反対株主の株式買取請求→⑤債権者保護手続き→⑥登記→⑦事後開示、といった手順で進みます。③に記載したように、原則として総会の特別決議が必要ですが、当事者の関係で決議を省略できる簡易合併や略式合併

を利用できるケースもあります。

①の合併契約については、合併交渉の初期の段階で、交渉の基本方針等を定めた基本合意書が締結されるのが一般的です。その後に正式な合併契約の締結作業に入ります。会社法では合併契約書に必ず記載しなければならない事項が定められていますが、実務上は、法定記載事項以外の従業員の雇用継続に関する事項、契約解除に関する事項などについても条項を置くことになります。

● MBOとは

MBOとは、会社の事業部門の責任者などが、その事業部門の経営権などを買収することをいいます。MBOの特徴は、事業部門の関係者などが買収を行うことです。

MBOが役立つ場面として、まず、事業部門を切り離して、会社本体を縮小、合理化する場合があります。MBOを活用すれば、低コストで迅速に事業部門を売却できます。MBOを行う場合、デューデリジェンスが不要だからです。また、MBOであれば、従業員や労働組合の理解も得やすいという利点があります。

■ 吸収合併とは

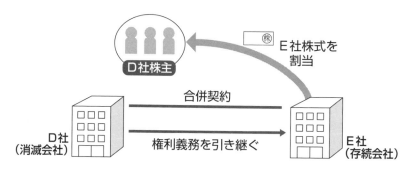

弊社の不採算部門について某企業から買取の打診を受けたのですが、どんな点に注意すればよいのでしょうか。

譲渡による損失や債権者への影響をふまえて譲渡するかどうかを判断します。

　事業譲渡とは、従業員や工場、設備、取引先といった、ある事業を営むために組織化された財産の全部または重要な一部を譲渡することです。会社は、従業員、工場、設備、仕入先、納入先、金銭といった財産を持っています。そしてそれぞれの財産を組み合わせて、1つのしくみとして機能させることで利益を生み出しています。この「利益を生み出すしくみ」を「事業」といいます。

　会社法は、事業を譲渡する場合と、事業を譲り受ける場合の両方について株主総会の特別決議が必要な場合を規定しています。

　事業譲渡には、採算のとれない事業を譲渡することで経営体質を強化するといったメリットがある反面、会社の重要な財産を失うというデメリットがあるため、取締役の判断のみで簡単に譲渡を可能としてしまうと、会社に不測の損害が生じるおそれがあります。そのため、株主総会の特別決議によって事業譲渡の契約の承認を受けなければなりません。そして、事業譲渡に反対する株主に対しては、株式買取請求権が認められており、自分の持っている株式を公正な価格で買い取ってもらうことができます。

● 事業の譲受け、事業全部の賃貸、経営委任に関する契約

　事業譲渡と反対に、他社から事業を譲り受けるケースにおいては、事業を全部譲り受ける場合に株主総会の特別決議が必要にな

ります。これは、実質的に吸収合併と変わらないとの観点から必要とされています。事業の一部を譲り受ける場合には、株主総会の決議が不要である点に注意する必要があります。

事業全部の賃貸、経営委任に関する契約の締結、変更、解約などの契約についても、企業結合の主要な一形態であるとの観点から、事業の譲渡と同様に株主総会の特別決議が必要になります。

● **事業譲渡についての平成26年改正**

これまでは、親会社が子会社の株式を譲渡する場合には親会社の株主総会の承認は不要でしたが、改正により親会社の総資産との比較で、帳簿価額が5分の1を超える場合で、なおかつ株式を譲渡することによって、子会社の議決権の過半数を下回り、支配権を失う場合には、株主総会の特別決議が必要になります。また、債権者を害することを意図するような事業譲渡（詐害的事業譲渡）が行われた場合には、残存債権者が事業を譲り受けた会社に、債務を履行するように請求することができる規定も新設されました。

■ **事業譲渡のしくみ**

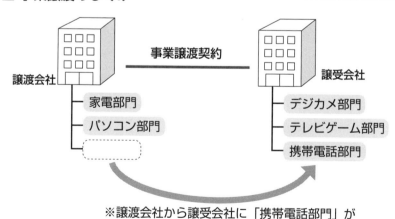

※譲渡会社から譲受会社に「携帯電話部門」が譲渡されたケース

主力事業の強化のため、不採算部門を他社に会社分割により切り分けようと考えているのですが、どんな点に注意が必要でしょうか。

分割対価や従業員の保護をふまえた上で分割が適切かどうかの判断を行います。

　会社分割とは、たとえば1つの会社を2つ以上の会社に分けることです。会社分割には吸収分割と新設分割の2つの方法があります。吸収分割とは、会社が切り分けた事業を既存の他の会社に継承させる方法です。新設分割は新設した会社に事業を継承させる方法です。事業を分割する側の会社を分割会社、事業を継承する会社を承継会社と呼びます。分割の対価としては、株式を対価とするのが一般的ですが、会社分割を利用した会社清算などを行いやすいように株式の代わりに金銭を支払うこともできます。

　会社分割の対象は事業に関して有する権利義務の全部又は一部です。事業とは、事業譲渡における事業と同義とされています。

　会社分割のメリットとしては、①不採算部門を切り分け事業の再生を図ることができる、②譲渡対価として事業を承継した会社（または新設された会社）が必ずしも金銭を交付しなくてよい、③事業の継承後も、許認可を取り直す必要がない、といった点が挙げられます。

　会社分割を行うためには、吸収分割の場合は会社分割契約書、新設分割の場合は会社分割計画書を作成する必要があります。

● 総会決議などの手続き

　会社分割契約書、会社分割計画書の作成後に、利害関係者の承

認を得る必要があります。分割会社、承継会社共に会社分割の効力が発生する前日までに株主総会の特別決議による承認を受けます。株主総会の開催にあたって、それらに関する資料を一定期間は会社の本店に置き、株主や債権者が閲覧できるようにしておかなければなりません。株主総会決議に反対する株主は保有する株式を会社に対して買い取るように請求できます。会社が、株主から株式の買取りを請求された場合には、会社はこれを拒否することはできません。会社分割では、従業員も承継の対象になりますので従業員にも保護措置をとる必要があります。会社には、転籍などの書面の通知・交付などが義務付けられている他、従業員には会社に対して分割への異議を申し立てる権利が与えられています。

　なお、平成26年改正により、債権者の債権回収を困難にするような新設分割（詐害的会社分割）が行われた場合には、残存債権者は新設会社に対して一定の限度額の範囲で債務を履行するように請求できることになりました。

■ 新設分割と吸収分割

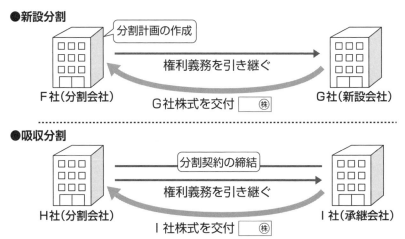

Question 10 会社が資金を調達する方法としてどんな手法があるのでしょうか。

 金融機関からの借入れや新株発行による増資といった手段があります。

　会社が事業を拡大していく上で、資金の調達は欠かせません。資金調達源は、企業内で調達する「内部資金」と企業外から調達する「外部資金」に分けることができます。

　内部資金には、①会社の利益を株主の配当に回さないで事業のために使う場合、②減価償却費を使う場合があります。外部資金の調達方法としては、①債務を負う形で調達する方法（借入金、社債）と②増資する（新株発行）という方法があります。

　新株発行は、新株を引き受けた者が、会社に払込をすることによって資本が増加する場合です。負債と違って、返済することは前提とされていません（会社が解散する場合は残余財産が株主に返還されます）。新株の発行は、公開会社の場合には経営を担う取締役会が決定しますが、非公開会社の場合には株主総会が決定することになります。新株発行にも様々なパターンがあり、割当先や対価の支払いの有無で場合分けすることができます。会社が、株式を引き受ける者の募集をするときは、まず、募集株式の数やそれに対する払込金額、払込期日などの募集事項を決定しなければなりません。公開会社では取締役会の決議、非公開会社では株主総会の決議で募集事項を決定しますが、公開会社の場合でも、払込金額が株式を引き受ける者に特に有利な場合には、株主総会

の決議が必要になります。

●新株予約権とは

　新株予約権とは、会社の株式を事前に決められた価格で会社から買い取ることができる権利のことです。新株予約権を発行するための手続きとして、特に新株予約権を募集の形で発行しようとする場合には、新株発行の手続きと類似の手続きを経ることになります。新株予約権の行使は会社への請求と権利行使価格分のお金を払い込むことで完了します。会社が、取締役・使用人などに対して、将来の一定期間中に予め決められた価格（権利行使価格）で、自社の株式を購入できる権利を無償で与えることをストック・オプションといいます。

　また、新株予約権を利用した資金調達方法としては、株主に対して当然に割当を行う新株予約権無償割当を利用して資金調達を行う方法（ライツ・イシュー）もあります。

　なお、平成26年の会社法改正により、新株発行・新株予約権の行使により引受人が議決権の過半数を持つことになる場合（支配株主が異動する場合）の手続きの特則（株主への通知と、議決権の10分の1以上の反対株主がいた場合の株主総会決議）が規定された点には注意が必要です。

■ **ストック・オプションのしくみ**

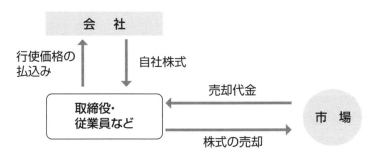

第9章

株主総会・登記・議事録のしくみと手続き

議事録作成の手続き

議事録の種類

会社法は、株主総会などの会議が開催されたとき（開催されたとみなされたときも含む）には、議事録を作成することを義務付けています。議事録とは、議事の経過の要領・その結果、場合によっては出席した役員の発言内容などについて記録した書面やデータです。

株主総会後議事について作成する議事録を株主総会議事録、取締役会の議事について作成する議事録を取締役会議事録、監査役会の議事について作成する議事録を監査役会議事録といいます。各議事録には会社法、会社法施行規則で記載しなくてはならない事項が法定されています。

法定記載事項さえ記載していれば、その他の形式は原則として会社の自由です。取締役会を設置せず、監査役もいないという小規模な会社でも、株主総会議事録は作成することになります。

株主総会議事録の作成と保管

株主総会が開催された場合には議事録を作成することになりま

■ 議事録の作成手順

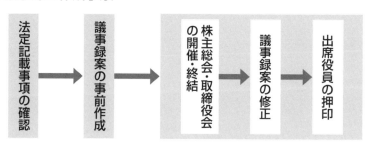

す。議事録の作成期限については法律上明記されていませんが、株主総会の終了後、遅滞なく作成する必要があります。

　主な記載事項は、株主総会の開催日時・場所、株主総会の議事の経過の要領と結果（報告内容と決議事項）、株主総会に出席した取締役・執行役・会計参与・監査役・会計監査人の氏名や名称、などです（会社法施行規則72条3項参照）。

　株主総会議事録には署名または記名押印の義務を定めた法令はありません。ただし、会社の定款などで、出席した取締役などに署名または記名押印の義務を規定している会社は、定款などの規定に従って株主総会議事録にも署名または記名押印をする義務が発生します。

　株主総会議事録は、株主総会開催の日から、原本を10年間本店に備え置かなければなりません（会社が支店を設置している場合は、その写しを5年間備え置く必要があります）。備え置かれた議事録は、株主および債権者は会社の営業時間内はいつでも閲覧・謄写の請求をすることができます。また、親子会社の場合、親会社の社員は、その権利を行使するために必要があるときは、裁判所の許可を得て、閲覧・謄写請求をすることができます。

■ **株主総会議事録の主な記載事項**

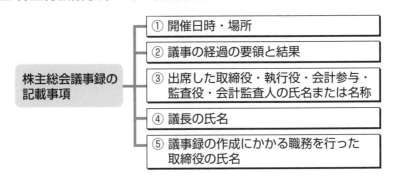

第9章 ● 株主総会・登記・議事録のしくみと手続き　231

取締役会議事録の作成と保管

　株主総会で、取締役会の決議が必要な事項の決定を行った場合、株主総会の終了後、速やかに取締役会を開催し、取締役会で決定された事項の内容について取締役会議事録に記載します。

　主な記載事項は、取締役会の開催日時・場所、取締役会の議事の経過の要領と結果（報告内容と決議事項）などです（会社法施行規則101条3項参照）。

　取締役会議事録は、取締役会の日から10年間本店に備え置かなければなりません。監査役設置会社・指名委員会等設置会社（委員会設置会社は、平成26年6月の会社法改正により指名委員会等設置会社に名称変更）以外の会社の場合、株主は、備え置かれた議事録を、その権利を行使するために必要があるときは、会社の営業時間内はいつでも閲覧・謄写の請求をすることができます。

　監査役設置会社、監査等委員会設置会社または指名委員会等設置会社の場合、株主は、その権利を行使するために必要があるときは、裁判所の許可があれば閲覧・謄写請求をすることができます。会社の債権者及び親会社の株主は、取締役など役員の責任を追及するために必要があるときは、裁判所の許可を得て、閲覧・謄写の請求をすることができます。

取締役会での反対意見の記載

　取締役会決議の際に反対票を投じた取締役がいた場合は、議事録にもその旨を記載しなければなりません。反対意見があったことが株主や第三者などに知られた場合には、それを株主代表訴訟などの訴訟に利用され、会社が不利な立場に追い込まれる可能性もありますが、議事録に記載しなければならない事項をわざと記載しなかったり、虚偽の記載をしてしまうと、取締役に過料の制裁が課せられます。反対意見があったということは取締役会が活

発な議論のもとで行われていたことの現れですから、会社経営の健全さをアピールできるというメリットもあります。したがって、議事録にはありのままの結果を記載するようにしましょう。

なお、取締役会で反対意見を述べたとしても、議事録にその旨が記載されなければ、その決議に賛成したものと推定されます。もし、その決議に基づいた業務執行によって代表取締役に損害賠償責任が発生した場合は、賛成したあるいは賛成したと推定される取締役は代表取締役と連帯して責任を負う場合があります。

したがって、反対意見を表明した取締役は、そのことがきちんと書かれているかどうかを必ず確認しておくことが大切です。出席したにも関わらず、議事録に署名がない場合も、賛成したと推定され、同様の責任を負うことがあります。

取締役会非設置会社における取締役決定書

取締役会非設置会社の場合、会社に取締役会がないため、当然取締役会議事録を作成する必要はありません。取締役会非設置会社の業務は、取締役が複数名いる場合、原則として取締役の過半

■ **取締役会議事録の主な記載事項**

取締役会議事録の記載事項
- ① 開催日時・場所
- ② 議事の経過の要領と結果
- ③ 決議事項について特別の利害関係がある取締役がいる場合にはその氏名
- ④ 出席した執行役・会計参与・会計監査人・株主の氏名（法人の場合は名称）
- ⑤ 議長の氏名

数の一致（賛成）によって決定することとされています（会社法348条）。取締役の過半数の一致をもって、業務執行の決定をした場合は、これを証明する書類を作成すべきです。一般的には、「取締役決定書（決議書）」という名称でこの書類を作成することが多いようです。取締役決定書は、取締役会議事録と異なり会社法で作成が義務付けられている書類ではなく、そのため法定記載事項も決められていません。しかし、取締役の過半数の一致があったことを後日の証拠として残すためにも、取締役決定書の作成を習慣化させておくことが望ましいといえるでしょう。

なお、取締役会非設置会社の登記申請の際には、取締役会議事録の添付に代え、取締役決定書の添付が必要になることもあります。

監査役会議事録の作成と保管

主に大企業など、監査役会を設置している会社については、監査役会の議事について議事録を作成します。主な記載事項は、監査役会が開催された日時・場所、監査役会の議事の経過の要領・結果、監査役会で述べられた意見・発言があるときは、その意見・発言の内容の概要、などです（会社法施行規則109条3項）。

取締役会議事録同様、監査役会の日から10年間本店に備え置く必要があります。株主及び親会社の株主が、その権利を行使するために必要があるとき、また、会社の債権者が取締役など役員の責任を追及するために必要があるときは、裁判所の許可を得れば、閲覧・謄写の請求をすることができます。

議事録に押す押印

議事録を作成する場合に重要になるのが印鑑についての知識です。押印するという行為は、押印する文書が押印した者の意思に基づいて作成されたことを証明することになります。印鑑は、署

■ 様々な押印の種類

①訂正印

誤った文字の上に線を引き、削除し、
正しい文字を記入する場合

誤った文字の上に線を引き、上部に
正しい文字を記入する
そして、欄外に「1字削除 1字加入」
と記載する場合

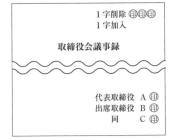

②捨印

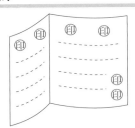

③契印

各ページの綴じ目に契印を押印する方法

袋綴じ、のりづけ部分に契印を押印する方法

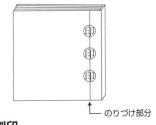

④割印

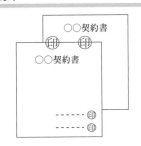

名や記名の後ろに押されるものですが、以下のように特殊な使い方をされることもあります。

・訂正印

　文書に記載された文字を訂正するときに用います。文書を作成した当事者ら自らの手により訂正されている、と言うことを証明するために押印されるものです。

・捨印

　作成し、押印した文書に事前に訂正印を押印しておくことを一般に「捨印」といいます。押印後に文書の中の文字を訂正する必要が出てきたときのために、文字を訂正してもよいという許可を前もって出しておく場合に使用されます。

・契印

　作成した文書が複数のページからできているような場合において、すべてが一体の文書であることを証明するためや作成後の不正なページの差し換え・改ざんを防止する目的で、綴じ目をまたいで当事者全員が押印をすることを「契印」といいます。

・割印

　契約書の正本と副本を作るようなとき、または同じ契約書を2通以上作成して、複数人数でそれぞれ1通ずつ保管しておくような場合は、「割印」を用います。

・消印

　消印とは、契約書に貼付された印紙と契約書面とにまたがってなされる押印のことです。

登記事項に変更が生じた場合の手続き

登記とは

　登記とは、不動産に関する権利関係や会社の重要事項について、登記所（法務局）という国の機関に備えている登記簿に記載することをいいます。商取引が安全で迅速、円滑に行われるために設けられたのが商業登記制度です。つまり、商業登記制度は、企業と取引を行おうとする者が不測の損害を被ることのないように、一定の事項について情報公開（公示）をするためのシステムといえます。

　登記簿を調べるための方法としては、登記事項要約書と登記事項証明書を交付してもらう方法があります。登記事項要約書とは、登記記録に記録されている事項の摘要（要点）を記載した書面です。ただ、この要約書には登記官による認証文がありませんので、一般的な証明書としては使用できません。登記事項証明書とは、登記記録に記録されている事項の全部又は一部を証する書面です。登記事項証明書には、現在事項証明書、履歴事項証明書、閉鎖事項証明書、代表者事項証明書があります。

登記申請の流れと添付書類の原本還付手続き

　登記を申請するには、まず、登記申請書を作成しなければなりません。また、登記申請書には、原則として、その登記内容を証明するために必要な書類（添付書類）を添えて提出します。たとえば、取締役の変更の登記の場合は、取締役が選任されたことを証明する株主総会議事録などが添付書類となります。申請時には登録免許税を納付する必要があります。登録免許税は現金で納付することもできますが、登記申請する際に収入印紙をもって納付

するのが一般的です。

　登記申請書、添付書類の準備ができた後は、管轄の登記所へ行くか、郵送により登記申請します。管轄は会社の本店所在地によって決定します。登記所へ行った場合は、商業登記の申請窓口に登記申請書、添付書類を提出します。登記は受け付けられた順番に処理されますので、他の登記所の管轄内に本店を移転する場合など複数の登記申請を一度に行う場合は申請する順番にも気をつけて下さい。

　登記申請をした後に、登記完了予定日（補正日）の確認をしましょう。提出した登記申請書や添付書類などに何らかの不備があった場合は、登記所から電話がありますが、電話がなかった場

■ **登記申請の流れ**

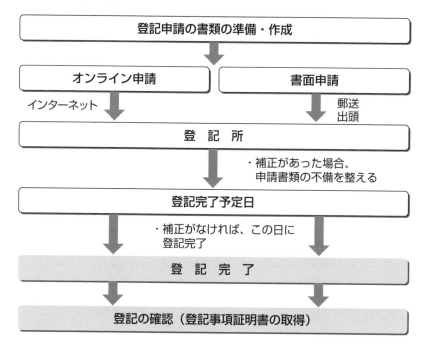

合は原則としてこの登記完了予定日に登記が完了します。登記完了予定日の到来後、登記事項証明書などを取得し、申請した登記が間違いなくされているかどうかの確認をしましょう。

　添付書類は原本を提出するのが原則ですが、議事録や役員の就任承諾書などの会社で保管すべき重要な書類は、その原本の還付を受けることが可能です。この、申請者が原本の還付を受けることができる手続きを原本還付手続きといいます。原本還付手続きをする場合は、登記申請書には議事録などのコピーをホチキスで留め、このコピーに「この謄本は原本と相違がない。株式会社○○代表取締役○○」と記載し、会社代表印を押印し、登記所に提出します。登記申請時に原本の還付を受けるためには、登記申請をする際に、登記申請窓口の担当官にコピーと原本が間違いなく同一であることを確認してもらってから登記申請をする必要がありますので注意して下さい。

登記事項の変更と変更登記

　会社は存続する過程で、様々な変化をしていきます。役員・資本金など、常に変わっていきます。このように会社に変化があった場合、登記が以前のままでは登記を信頼して取引に入った相手方に思わぬ損害を与えてしまいます。そこで、事実の変化に合わせて変更登記をすることが義務付けられています。

　役員の変更について登記をしなければならない主な場合は以下の通りです。

① 役員が会社の解散以外の理由で退任した場合
② 役員が新たに就任した場合
③ 役員が重任（再任）した場合
④ 婚姻などにより役員の氏名に変更があった場合
⑤ 代表取締役の住所に変更があった場合

役員について登記すべき事項としては、取締役や監査役の氏名がまずあげられます。代表取締役は氏名の他、住所も登記します。

③の重任とは、任期満了により退任すると同時に再選されて就任することを意味します。重任があった場合は、その旨を登記しなければなりません。任期の満了に伴う再選の場合でも、任期満了の日と再選就任の日との間に、何日か間がある場合には、退任すると同時に再選されて就任したわけではないので、重任にはあたりません。

登記の申請期間

登記の申請期間は会社法で定められています。現在登記されている事項に変更が生じた場合の登記（変更登記）の申請期間は、原則として変更が生じた日から2週間以内です（会社法915条）。

申請期間内に登記申請をしなかった場合であっても、登記申請は受理されますが、登記を懈怠してしまった（申請期間内に登記をしなかった）場合には会社法上100万円以下の過料を科せられてしまうことがありますので注意が必要です。

■ **重任のしくみ**

任期

任期満了により退任

取締役A

退任登記および就任登記を行う必要はなく重任登記で足りる

再選により就任

取締役の辞任・退任の手続き

取締役の辞任

　取締役は、任期の途中に、いつでも辞任することができます。辞任の意思表示は、通常は代表取締役に対してします。代表取締役に対してすることができない場合は、取締役会において辞任の意思表示をします。代表取締役が辞任するときは、他に別の代表取締役がいれば別の代表取締役に、他に代表取締役がいなければ取締役会へ辞任する旨を申し出ます。辞任の申し出をした時点で辞任の効力が生じます。しかし、退任登記をするまでの間は、取締役が退任したことを知らない第三者に退任の事実を主張することができません。取締役（代表取締役）が退任した後、退任の登記前に取締役（代表取締役）として取引をしてしまうと、会社に取引の効力が生じてしまうのです。

　会社としては、取締役という重役が不在であったり不足したままになっているのは不都合です。それに、後任がすぐに選任できるという保証もありません。そこで、取締役が辞任する場合は一定の期間前に意思表示するように定めている会社が多いといえます。

　取締役が辞めた場合、会社としては本店（本社）の所在地で2週間以内に退任の登記をしなければなりません。

辞任届

　取締役が任期の途中であったとしても、会社（代表取締役）に辞任の意思表示をした時点で取締役辞任の効力が生じます。会社は辞任した取締役の辞任届を添付して取締役退任の登記申請をします。取締役の自筆の署名のある辞任届を受け取っておくように注意しましょう。取締役から出されていた辞任届が記名（ゴム判

など署名以外の方法で氏名が記載されたもの）と押印でなされており、その印鑑が会社で保管してある場合、辞任届を提出した取締役が自分の意思で辞任したかどうかわからなくなってしまいます。このため、辞任した取締役が自筆で署名をすることにより、自分の意思で辞任したことを容易に立証（証明）できるようにする必要があります。もし、取締役退任の登記が虚偽であった場合、虚偽の登記申請をした代表取締役は刑法上の「公正証書原本不実記載罪」に問われ、5年以下の懲役または50万円以下の罰金が科されます。

会社による辞任登記

　取締役を辞めた場合は、取締役を辞任した旨の登記を、代表取締役が申請しなければなりません。代表取締役が行えない場合は、代理人（司法書士など）による申請でもかまいません。

　誰が取締役かによって会社に対する信用も違ってきます。退任したのに、登記が変更されていないと、登記されている取締役を信用して取引に入った相手に不測の損害を与えかねません。また、真実は退任しているのに、取締役としての責任を追及される危険もあります。そのため、社会に対する公示として、退任の登記が要求されています。取締役の変更の登記は、取締役辞任の効力が生じてから、2週間以内に本店所在地を管轄する法務局に申請しなければなりません。登記を怠った場合は、100万円以下の過料に処せられます。

　退任登記の期間は、取締役が退任した日の翌日から起算します。

役員変更の登記費用

　登記申請をする場合、登記申請にかかる費用について登録免許税の納付が必要です。本店所在地での役員の変更登記であれば、

1件につき3万円（資本金の額が1億円以下の会社については1万円）です。登録免許税は、収入印紙又は領収証書で納めます。通常の場合であれば、登記申請書とともに提出する収入印紙貼付台紙に収入印紙を貼付して納付することになります。収入印紙貼付台紙等に貼付した収入印紙は、汚すと無効になってしまいますので注意することが必要です。申請の際に、司法書士あるいは管轄の登記所に問い合わせて確認しておくとよいでしょう。

辞任登記未了のトラブル

　取締役を辞任しても、会社が取締役辞任の変更登記を行っていないと、外部からはまだ取締役として扱われるおそれがあります。そして、会社が第三者とトラブルを起こした場合は、辞任した旨の登記が済んでいない取締役も責任を追及されることになります。このようなトラブルに巻き込まれないためにも、取締役を辞任した場合は、会社は、すぐに取締役の辞任の登記を申請しなければなりません。ただ、会社が変更登記を怠ることもしばしばあります。会社が登記をしてくれない場合に、辞任した取締役が、単独で取締役辞任の登記申請をすることはできません。取締役辞任の登記は、会社が行うことになっています。

　結局、辞任した取締役は、会社に取締役辞任の登記をしてくれるようにお願いするしかありません。

　会社がなかなか変更登記に応じてくれない場合は、裁判で取締役辞任の登記をするように請求するしかないことになります。裁判で判決が確定すると、辞任した取締役が、取締役辞任の登記を単独で行えることになります。ただ、裁判の判決がでるまでは、相当な時間がかかる場合もあります。そこで、「危ない」と感じたら、自己防衛の手段として、これまでの取引先などに「退任の挨拶状」といった通知書を出しておくとよいでしょう。

取締役の選任手続き

従業員から昇格する場合の役員選任までの流れ

　ここでは、従業員を取締役に昇格させる場合に、どのような手続きが必要になるかを見ていきます。外部から取締役を招く場合とは異なり条件交渉などを要しないため、取締役の就任までに要する時間が短くて済む点がポイントです。

① 　取締役会での決定

　従業員を取締役に選任する場合、まず取締役会で昇進決定をします。取締役会の前に、本人に就任を打診して、承諾を得ておく場合が多いと思います。「昇進」なので、取締役としての契約（取締役任用契約ということもあります）が交わされることもほとんどなく、待遇も社内規程と従業員時代の雇用条件を参考にして決定されます。

　外部から取締役を招く場合、その人が会社の社風に合わず、期待通りの結果を出せない場合があります。その点、従業員を取締役に昇格させる場合には、それまでの勤務実績や社内の評価がわかっているので、そのリスクは軽減されます。

② 　株主総会での選任

　取締役を選任する場合には、株主総会の選任手続きを経る必要があります。具体的には、会社は候補者の経歴などを記載した取締役選任議案を株主総会に提案し、株主総会で承認を求めます。

③ 　登記手続き

　株主総会で取締役を選任したら、商業登記（役員変更）の手続きを申請します。登記手続きに必要な書類は、取締役を選任した株主総会の議事録、就任承諾書、取締役になった人の印鑑証明書などです。登記手続きが完了すると商業登記簿に、取締役就任の

旨が登記されます。

招かれて役員に就任する場合の手続き

　会社の状況によっては社外取締役を招くこともあり得ます。外部から取締役を招く場合は、条件交渉などの手続きが増えるため、従業員を取締役に昇格させる場合よりも時間がかかることが多いといえます。具体的には、次の①～③が追加になり、手続きに要する時間が長くなります。④⑤の手続きは、従業員を取締役に選任する場合と同じです。

① 　就任の意向の確認

　他社から取締役を招く場合は、まず候補者に対して、取締役就任の意向を確認します。取締役を選任する定時株主総会の約半年前ぐらいをメドに打診をしておくのがよいでしょう。約半年前に打診する理由は、待遇面などの交渉にある程度の時間が必要だからです。

② 　報酬などの交渉

　候補者から就任してもらえそうな回答が得られた場合は、報酬等の条件交渉に入ります。交渉すべき事項は、報酬、任期、役職

■ 従業員を役員へ昇格させる場合の手続き

```
従業員への取締役就任の打診
       ↓
取締役会での昇進決定
       ↓
取締役選任議案の株主総会への提案
       ↓
株主総会での選任
       ↓
役員変更の登記申請
```

などです。契約形態は、委任契約になることが多いでしょう。報酬については、固定報酬だけでなく、賞与、退職金慰労金、ストックオプションの有無・金額などについても明確にしておきましょう。

③　合意

報酬などの条件交渉がまとまったら、取締役任用契約を結び、書面で契約書を作成します。

④　株主総会での選任

株主総会を開催して、取締役の選任決議を得ます。

⑤　登記手続き

株主総会で取締役を選任した後に、商業登記（役員変更）の登記を申請します。

代表取締役の選任手続き

代表取締役は取締役の中から選任します。代表取締役の選任は、取締役会設置会社では取締役会の決議で定めます。一方、非取締役会設置会社では、定款、定款の定めに基づく取締役の互選または株主総会の決議により、代表取締役を定めることができます。

■ 外部の者を役員に就任させる場合の手続き

- 社外取締役候補者に対する就任の意向の確認と打診
- 報酬、任期など、条件面での交渉
- 取締役任用契約の締結
- 株主総会での取締役選任
- 役員変更の登記申請

なお、会社と代表取締役は委任関係となりますから、本人の就任の承諾も必要になります。代表取締役が決まると、それを対外的に公示することが必要です。その公示は代表取締役の就任（変更）登記をすることで行います。

　代表取締役の就任（変更）登記は、代表取締役と取締役はほぼ同時期に選任されることが多いので、通常は、取締役の変更登記と一緒に行います。ただし、取締役の登記事項はその氏名のみですが、代表取締役の登記事項は住所及び氏名という違いがあります。代表取締役の責任は取締役の責任よりも重大だからです。

　代表取締役の就任（変更）登記の申請書には、取締役会設置会社の場合には、選任を議決した取締役会議事録、代表取締役の就任承諾書及び印鑑証明書などを添付します。非取締役会設置会社の場合には、代表取締役の就任を決定した株主総会の議事録または取締役の互選書など、代表取締役の就任承諾書、代表取締役の選任に関わった取締役の印鑑証明書などを添付します。

■ **取締役の就任承諾書** ……………………………………

就 任 承 諾 書

　私は、平成○年○月○日開催の株主総会の決議において、貴社の取締役に選任されましたので、ここにその就任を承諾いたします。

平成○年○月○日

　　　　　　　　　　　　　　　　　伊 藤 太 郎　（実印（個人））

株式会社○○商事　　御中

第9章 ● 株主総会・登記・議事録のしくみと手続き

株主総会手続きの流れ

株主総会の開催時期

　株主総会とは、その会社の基本的な方針や重要な事項を決定する非常に重要な機関です。取締役会設置会社の場合には、所有と経営の分離（会社の所有者は株主だが、会社の経営は株主総会で選任された経営の専門家である取締役によって行う体制のこと）の原則が働き、会社の経営については取締役会が意思決定を行い、それ以外の事項で会社の基本的な事柄については株主総会が意思決定を行います。

　各事業年度の終了後一定の時期に招集される株主総会を定時株主総会といいます。たいていの会社は4月1日から翌年3月31日までの1年を事業年度としています。一方、会社は、いつでも臨時株主総会を開催することができます。

　また、会社が内容の異なる株式（種類株式）を発行している種類株式発行会社の場合、種類株主による種類株主総会で、会社法で規定されている事項や定款で定めてある事項について、決議をすることができます。特に、ある種類の種類株主に損害を与えるおそれのある変更などを行う場合には、その種類の株式の種類株主を構成員とする種類株主総会を開催した上で、特別決議を経なければ、その変更の効力は生じません。

総会の開催を省略できるケース

　株主総会の目的である事項について、取締役や株主が提案をした場合には、株主総会を開催して議題としてとりあげ、決議するのが原則です。しかし、株主総会の目的事項について提案がなされ、その提案について全株主の同意を示す書面やデータがあれば、

株主総会の決議がなされたものとみなすことができる、という制度が用意されています。このように、株主総会そのものを開催せずに書面による決議だけですませてしまう方法を、書面決議（みなし株主総会）といいます。決議が省略され、株主総会決議があったものとみなされた場合、みなされた時点に株主総会が終結したものとして扱われます。

株主総会の招集

　非公開会社で取締役会設置会社の場合、株主総会の招集を決めるのは取締役会です。株主総会の招集通知は、書面か電磁的方法で、株主総会の開催日の原則として1週間前まで（公開会社の場合には2週間前まで）には発送しなければなりません。電磁的方法とは、たとえば電子メールなどの方法のことです。ただし、電磁的方法によって招集通知を出すには、それぞれの株主の承諾が必要となります。招集通知には、計算書類や事業報告などを添付した上で、株主総会の目的事項を記載しなければなりません。

　一方、取締役会設置会社ではない場合、株主総会の招集を決めるのは取締役です。株主総会の招集通知は、原則として株主総会の開催日の1週間前までには発送しなければなりませんが、定款で1週間以内に短縮することも可能です。招集通知の方法は、書面や電磁的方法だけでなく、口頭による通知や電話による通知も可能とされています。

　招集通知への記載事項や添付書類も取締役会設置会社とは異なって、特に必要とされる事項はありません。したがって、計算書類や事業報告などの添付も不要ですし、株主総会の目的事項も記載する必要はありません。株主による議決権の不統一行使も、事前に通知する必要はありません。これは、そもそも招集通知に株主総会の目的事項の記載や必要書類の添付が求められていない以

上、議決権を統一して行使するかどうかの判断もできないからです。

また、個々の株主は単独株主権を有していますから、これに基づいて株主総会の議案を提案する権利（株主提案権）を行使することができます。

開催のスケジュール

臨時株主総会の場合には、その決議が必要となる日から遡って、法的に必要な期間を守ってスケジュールを立てることになります。一方、定時株主総会の場合には、事業年度末日を基準日として3か月以内には株主総会を開催しなければなりませんから、スケジュールを立てる際には、この期間内に法を守りながら必要な作業を行っていくことになります。

定時株主総会の場合、まず、事業年度末日を基準日として、計算書類など株主総会で必要とされる書類を作成します。株主総会は前述したように基準日から3か月以内に開催する必要がありますから、たとえば基準日が3月31日だった場合には、遅くとも6月30日までには株主総会を開催しなければなりません。仮に6

■ 株主総会の流れ

総会の招集を決定する
・開催日時と場所を決定する
・総会の議題と議案を決定する

↓

株主に招集通知を送付する
・開催日時の2週間以上前に通知
・非公開会社は原則として期日を1週間前まで短縮可

↓

株主総会を開催する
・議題・議案の要領を記載する
・議長の開会宣言で開会する
・議案を採択し閉会する

↓

株主総会後の事務処理
・株主総会の議事録作成
・必要があれば変更登記を行う
・総会決議を株主に通知し公告する

30日に株主総会を開催することを決めた場合には、その1週間前までには招集通知を発送しなければなりません（公開会社の場合には2週間前までに招集通知を発送する）。そして、その招集通知には計算書類や事業報告書などを添付しなければなりません（取締役会設置会社の場合）。

そのためには、招集通知を発送する時点で計算書類・事業報告書が取締役会によって承認されていなければなりません。また、それ以前に、監査役が計算書類・事業報告書を監査し、監査報告を取締役に提出することになります。

このように、株主総会の準備期間は、様々な機関が関わって協力しながら準備をすることになります。参考までに、非公開会社の株主総会開催の日程モデルを記載します（下図参照）。

■ 株主総会（非公開会社）の日程モデル

日　程	事務日程	法律の定め等
3月31日	事業年度末日（基準日）	基準日より3か月以内に定期株主総会を開催する必要あり
6月13日	計算書類の備置き	総会日の2週間前までに（会社法442条1項）
6月20日	定時株主総会招集通知の発送	総会日の1週間前までに（会社法299条1項）
6月27日	議決権行使書提出期限	総会日の前日まで
6月28日	定時株主総会	
6月29日	①(取締役会による代表取締役選任) ②総会議事録を備置	議事録の作成が義務付けられている（会社法318条1項）
7月12日	商業登記申請期限（役員）	決議による定款変更より2週間以内（会社法915条1項）
9月28日	決議取消の訴えの提起期限	総会日より3か月以内（会社法831条1項）

株主総会決議の種類

一株一議決権の原則と議決権の不統一行使

　株主総会において各株主は、原則として1株につき1個の議決権をもっています（一株一議決権の原則）。株主が総会に出席して議決権を行使するのが原則ですが、前述したように、①代理人によって議決権を行使することや、②議決権行使書面に必要な事項を記載して会社に提出するという方法、③電子メールによって議決権を行使することもできます。

　また、株主が2個以上の議決権をもっている場合、一部で反対し一部で賛成するというように、議決権を統一しないで行使することもできます（議決権の不統一行使）。株主総会での決議は多数決の原則で決められます。決議には、次の3種類があります。

普通決議

　議決権を行使できる株主の議決権の過半数をもつ株主が出席し、その議決権の過半数で決議するものです。法律や定款で決議方法が定められていない事項について決議する場合には、普通決議によるのが原則です。具体的には、役員の選任決議などがあります。

　なお、普通決議は、議決権を行使できる株主の議決権の過半数をもつ株主が出席することが要件ですが（この要件を定足数といいます）、定款で定めれば、この定足数を排除することができます。つまり、出席した株主の議決権の数の過半数で決議することが可能になります。ただ、役員の選任決議などの場合には、定足数について議決権を行使することのできる株主の3分の1未満にすることはできません。

特別決議

議決権を行使できる株主の議決権の過半数をもつ株主が出席し、その議決権の3分の2以上で決議するものです。株主の重要な利益に関わる事項については、この特別決議によることが必要とされています。取締役会設置会社の株主総会において特別決議が必要となる決議事項としては、たとえば、資本金の額の減少、定款の変更、現物配当などがあります。

特殊決議

特別決議よりも決議のための要件が重くなっている場合です。たとえば、全部の株式の内容について株式譲渡に会社の承認を要する旨の定款の定めを設ける定款変更をする場合は、議決権を行使できる株主の半数以上で、かつ当該株主の議決権の3分の2以上の賛成が必要です。また、非公開会社が剰余金配当・残余財産分配・株主総会の議決権につき株主ごとに異なる取扱いをする旨を定款で定める場合には、「総株主の半数以上であって、総株主の議決権の4分の3以上」の賛成が必要になります。

■ **普通決議と特別決議**

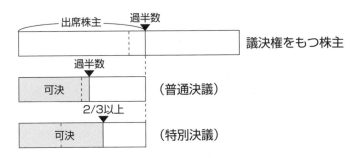

索 引

あ

一時取締役	64
一時役員	63
一人会社	36
委任契約	31
違法行為差止請求	188
M&A	220
MBO	222
押印	235

か

会計監査	111
会計監査人	119、120
会計参与	117、118
会社	16
会社分割	225
解任の訴え	56
合併	221
株式会社	16
株主総会	248
株主総会対策	207、214
株主代表訴訟	195、201
株主による違法行為差止請求	188
監査委員会	125、135
監査機関	100
監査等委員	134
監査等委員会設置会社	132、135、137
監査役	102
監査役会	114
監査役会の権限	116
監査役による違法行為差止請求権	190
監査役の権限	109
監査役の辞任	108
監査役の選任	104、105
監査役の第三者に対する責任	153
監査役の報酬	107
間接有限責任	17
機関	18
機関設計	18、20
議決権の不統一行使	252
議事録	230
旧株主による責任追及等の訴え	204
競業取引	161
競業避止義務	160、163、165、166、167
業務監査	111、112
業務執行取締役	30、43
経営判断の原則	159
計算書類	219
公開会社	22
公開大会社	113
コンプライアンス	29、145

さ

財源規制	175
事業譲渡	223
資金調達	227
事実上の取締役	156
事前質問	215
執行役	127
執行役員	30
執行役の義務と責任	129
辞任届	241
指名委員会	125
指名委員会等設置会社	122、124、126
社外監査役	113
社外取締役	61、62、216、245
重要な財産の処分	82
授権資本制度	22
譲渡制限株式会社	60
使用人兼務取締役	32、35、39、58、164
常務会	78
剰余金	173
職務代行者	64
所有と経営の分離	17、28、158
新株発行	227
新株予約権	228
ストックオプション	37、228

責任限定契約	179、180
責任追及等の訴え	195
説明義務	215
善管注意義務	140
総会屋	207、210

た

大会社	19
退職慰労金	38、40、41
代表執行役	131
代表取締役	75、84、245
代表取締役の権限	88、89、90
代表取締役の選任・解任	85、97
多重代表訴訟	201、203
担保提供命令	197
忠実義務	140、167
懲戒処分	192
定足数	79
登記	237
特殊決議	253
特別決議	253
特別取締役	68
特別利害関係人	81
取締役	26、28
取締役会	66
取締役会設置会社	24
取締役会の開催	67
取締役会の権限	73
取締役会の種類	73
取締役会の招集	70
取締役会の招集通知	71
取締役による違法行為	190、193
取締役の会社に対する責任	175
取締役の解任	55、57
取締役の資格	44
取締役の辞任	53、54、241
取締役の職務内容	43
取締役の責任	148
取締役の選任	50、244
取締役の第三者に対する責任	176、181
取締役の任期	47
取締役の報酬	33

な

内部統制システム	146
なれあい訴訟	198
任務懈怠	151、152、153、181

は

背任行為	191
罰則	205、206
非公開会社	22、23
表見代表取締役	93
不正処理	150
普通決議	252
不法行為責任	183
粉飾決算	208、209
報酬	33
報酬委員会	125

ま

みなし株主総会	249
名目取締役	155
免除・軽減の制度	177、180
持分会社	16

や

役員	30
役員の欠員	47
役員賠償責任保険	200
役員変更登記	242

ら

ライツ・イシュー	228
利益供与	207
利益相反取引	151、168、170、172
臨時の取締役会	72

【監修者紹介】
千葉　博（ちば　ひろし）
1990年、東京大学法学部卒業。1991年司法試験に合格。1994年、弁護士として登録後、高江・阿部法律事務所に入所。2008年４月、千葉総合法律事務所を開設。現在、民事・商事・保険・労働・企業法務を専門に同事務所で活躍中。
主な著書に、『入門の法律　図解でわかる刑事訴訟法』（日本実業出版社）、『労働法に抵触しないための人員整理・労働条件の変更と労働承継』『使用者責任・運行供用者責任を回避するためのポイント解説　従業員の自動車事故と企業対応』（いずれも清文社）、『会社と仕事の法律がわかる事典』『労使トラブルの実践的解決法ケース別83』『裁判・訴訟のしくみがわかる事典』『労働審判のしくみと申立書の書き方ケース別23』『すぐに役立つ　株主総会と株式事務　しくみと手続き』『図解　会社法のしくみと手続きがわかる事典』『図解で早わかり　民事訴訟法・民事執行法・民事保全法』『図解とQ&Aでわかる　最新　交通事故の法律とトラブル解決マニュアル128』『最新　不動産売買をめぐる法律と実践書式53』（いずれも小社刊）などがある。
毎週、Ustreamにて「GEEK弁護士千葉博の法律相談所」を配信中。
（http://www.facebook.com/geekchibalawoffice）

すぐに役立つ
図解とQ&Aで納得
会社役員をめぐる法律とトラブル解決法158

2015年3月10日　第１刷発行

監修者　　　千葉博
発行者　　　前田俊秀
発行所　　　株式会社三修社
　　　　　〒150-0001　東京都渋谷区神宮前2-2-22
　　　　　TEL　03-3405-4511　FAX　03-3405-4522
　　　　　振替　00190-9-72758
　　　　　http://www.sanshusha.co.jp
　　　　　編集担当　北村英治
印刷・製本　萩原印刷株式会社
©2015 H. Chiba Printed in Japan
ISBN978-4-384-04637-3 C2032

®〈日本複製権センター委託出版物〉
本書を無断で複写複製（コピー）することは、著作権法上の例外を除き、禁じられています。本書をコピーされる場合は事前に日本複製権センター（JRRC）の許諾を受けてください。
JRRC（http://www.jrrc.or.jp　e-mail：info@jrrc.or.jp　電話：03-3401-2382）